A PALAVRA E O PODER

Rodrigo Tavares, Flavia Lima e Naief Haddad (orgs.)

A PALAVRA E O PODER

Uma travessia crítica por 40 anos de democracia brasileira

1ª edição

CIVILIZAÇÃO BRASILEIRA

Rio de Janeiro
2025

Diagramação: Ilustrarte Design

Texto revisado segundo o Acordo Ortográfico da Língua Portuguesa de 1990.

Direitos desta edição adquiridos pela
EDITORA CIVILIZAÇÃO BRASILEIRA
Um selo da
EDITORA JOSÉ OLYMPIO LTDA.
Rua Argentina, 171 — 3º andar — São Cristóvão
Rio de Janeiro, RJ — 20921-380
Tel.: (21) 2585-2000.

Seja um leitor preferencial Record.
Cadastre-se no site www.record.com.br
e receba informações sobre nossos lançamentos e nossas promoções.

Atendimento e venda direta ao leitor:
sac@record.com.br

CIP-BRASIL. CATALOGAÇÃO NA PUBLICAÇÃO
SINDICATO NACIONAL DOS EDITORES DE LIVROS, RJ

A1

A palavra e o poder : uma travessia crítica por 40 anos de democracia brasileira / organização Rodrigo Tavares, Flavia Lima, Naief Haddad. - 1. ed. - Rio de Janeiro : Civilização Brasileira, 2025.

ISBN 978-65-5802-184-1

1. Democracia - Brasil - Aspectos políticos. 2. Democracia - Brasil - Aspectos sociais. 3. Brasil - Política e governo - 1985-2022. I. Tavares, Rodrigo. II. Lima, Flavia. III. Haddad, Naief.

CDD: 320.981
25-100423.0 CDU: 321.7(81)

Carla Rosa Martins Gonçalves - Bibliotecária - CRB-7/4782

Impresso no Brasil
2025

SUMÁRIO

NOTA DOS ORGANIZADORES

Alguns dos textos de opinião reunidos neste livro foram publicados em épocas em que certas expressões eram de uso corrente, mas que hoje soam inadequadas ou desatualizadas. Palavras e expressões como "índios" em vez de "indígenas" ou "povos originários", "escravos" em vez de "escravizados" e "Doenças Sexualmente Transmissíveis (DST)" em vez de "Infecções Sexualmente Transmissíveis (IST)", entre outras, foram mantidas em sua forma original. Além do uso de determinados termos, é possível identificar em alguns trechos um tom condescendente ou determinista, que refletia visões de mundo correntes no período em que foram escritos, mas que hoje podem causar estranhamento. Optamos por preservar a redação tal como publicada, em respeito à integridade histórica dos documentos e ao contexto de sua produção. Cabe ao leitor, portanto, considerar que o vocabulário e certas formulações refletem concepções e convenções próprias de seu tempo, podendo soar desconfortáveis à luz do presente.

PREFÁCIO

As palavras da democracia

Nos anos 1970 e 1980, dezenas de países romperam com regimes autoritários e iniciaram transições democráticas. Em alguns casos, o processo ficou marcado por um símbolo facilmente identificável. No Chile, um arco-íris. Em Portugal, um cravo. Nas Filipinas, a cor amarela. No Brasil, não houve metáforas visuais. O reconhecimento veio de uma palavra simples, um adjetivo. "Nova" — essa foi a escolha. A Nova República, como passou a ser chamado o período iniciado em 1985, quando Tancredo Neves venceu as eleições indiretas, transformou um recurso vocabular em promessa política. Esse ano ditou, oficialmente, o final da ditadura militar, iniciada em 1964, e o começo de uma democracia carregada de expectativa.

Ao longo dos últimos quarenta anos, além de nova, a democracia brasileira assumiu diferentes qualificativos. No início, foi chamada de promissora e constitucional — como se um nome antecipasse um destino. Com o tempo, a gramática do entusiasmo deu lugar ao léxico da crise — instável e elitista, como se fosse mais uma hipótese institucional do que uma convicção coletiva.

O período de 1985 a 2025 é mais do que um recorte cronológico; é a mais longa fase democrática contínua da história republicana brasileira. Foi nesse intervalo de quatro décadas que o país consolidou eleições diretas, promulgou uma nova Constituição, reconstruiu instituições civis, ampliou direitos sociais e deu visibilidade a expressões políticas e culturais marginalizadas. Foi também nesse período que a *Folha de S.Paulo* publicou mais de 150 mil artigos de opinião inéditos, muitos deles para retratar a democracia brasileira. São vestígios de um país que, mesmo sem chegar a um acordo sobre si mesmo, não deixou de realizar debates acerca de si.

Este livro é um exercício de leitura histórica por meio da linguagem pública. Reúne, em primeiro lugar, 41 artigos de opinião publicados na *Folha*, abrindo com um artigo *hors-concours* publicado em 1984, assinado por Ulysses Guimarães — figura central da redemocratização e voz emblemática da Constituinte de 1988 —, seguido por quarenta textos assinados por figuras centrais do pensamento político, cultural, econômico e jurídico brasileiro, entre colunistas regulares e colaboradores ocasionais. Por isso, optamos por também incluir artigos de opinião assinados por todos os oito presidentes que ocuparam o Palácio do Planalto desde 1985 — de José Sarney a Luiz Inácio Lula da Silva. O período 1985–2025 não é tratado aqui como mera sucessão de fatos políticos, mas como um campo simbólico em constante reconfiguração. Os artigos não documentam apenas a história da Nova República, mas também a reinterpretam a partir de seus próprios descompassos entre palavra e realidade.

Mas como escolher dezenas de artigos diante de um acervo de milhares? Os critérios combinam relevância histórica do autor, densidade temática, força argumentativa, repercussão pública e, sobretudo, ligação direta com o debate democrático no Brasil. Entendemos, desde o início, que democracia, como o "governo do povo, pelo povo, para o povo", não se esgota nos instrumentos ortodoxos de política formal e na estrutura formal de partidos e instituições; ela se manifesta também na promoção do bem-estar social e nas disputas por inclusão, na luta por equidade racial e de gênero, nas questões ambientais e climáticas, nos embates sobre modelos econômicos e em expressões culturais. Por isso, entre os escolhidos, estão textos que representam dezenas de momentos-chave da vida democrática do país, como eleições decisivas, crises presidenciais, reformas sociais estruturais, mobilizações populares, conquistas econômicas e ameaças à liberdade.

Ainda assim, este livro é mais do que uma coletânea de textos históricos. Aos quarenta artigos de opinião publicados nessas quatro décadas, somam-se quarenta textos inéditos, todos escritos em 2025, por autoras e autores convidados especialmente para este projeto. O objetivo é reinscrever em seu contexto cada artigo publicado na *Folha*, sublinhar a singularidade de sua perspectiva ou apresentar interpretações alternativas e contrapontos críticos, ampliando suas margens de sentido. Este volume não recupera apenas vozes marcantes do passado — também as reativa no presente, confrontando-as com novos olhares, linguagens e contextos.

Para definir quem comentaria cada artigo, nós nos orientamos por dois princípios fundamentais: a diversidade — de trajetórias, perspectivas e experiências — e o conhecimento profundo do tema tratado no texto original. No caso dos artigos dos oito presidentes, a análise foi confiada a jornalistas experientes, de forma a garantir uma perspectiva crítica, informada e independente da função presidencial. O resultado é uma obra viva com múltiplas camadas que aposta no pensamento crítico como parte do próprio processo democrático.

A diversidade foi um critério central na escolha dos autores dos textos inéditos, assim como na composição da equipe que organizou este livro. Ao longo da curadoria, buscamos vozes capazes de dialogar criticamente com os artigos publicados na *Folha*, sem reproduzir as desigualdades estruturais que, por décadas, condicionaram o acesso à palavra pública na imprensa brasileira.

Se a primeira lista, de artigos publicados no jornal, é majoritariamente branca, masculina e concentrada em determinados centros de poder, a segunda busca ser plural em suas origens e seus modos de enunciação. A primeira é composta por 76% de homens e 85% de pessoas brancas; na segunda, as mulheres representam 59%, e os autodeclarados pretos, pardos ou indígenas, 37%. Essa dicotomia não se deve a um gesto corretivo ou a um revanchismo simbólico, mas a uma necessidade histórica de pluralizar a palavra. Ao justapor essas duas camadas de escrita, o livro convida o leitor a refletir não apenas sobre a democracia que construímos, mas também sobre as condições simbólicas e materiais que definiram quem tem o direito de narrá-la. A democracia não se pensa em uníssono. Ela se elabora no entrechoque de visões e na possibilidade de diferentes experiências partilharem o mesmo espaço de fala.

Ao todo, este volume reúne 82 autoras e autores, 41 deles com textos inéditos. Mais do que uma coleção de nomes relevantes, trata-se de uma extensa cartografia crítica do pensamento político e social brasileiro recente, pela primeira vez organizada de forma sistemática, plural e dialogada. Todos os participantes ou seus herdeiros assinaram termos de autorização para integrar a obra, reafirmando o seu compromisso com o projeto editorial.

Qualquer curadoria implica escolhas e, inevitavelmente, ausências. Alguns temas relevantes para compreender a complexidade da democracia brasileira entre 1985 e 2025 não foram tratados diretamente, como o papel das relações internacionais, a crescente influência das corporações tecnológicas e as novas formas de desinformação, além de algumas conquistas sociais relevantes. O "centrão" também não esteve no centro das nossas atenções. Este não é um livro de balanço nem de encerramento, mas de abertura e de reimaginação.

Foi chamada de "Nova República", celebrada como "redemocratização", classificada como "Quinta República". Para uns, o "nova" é um adjetivo esperando ainda por seu substantivo; para outros, um substantivo que nunca encontrou sua ação. Este livro é uma gramática — imperfeita, disputada, inacabada — daquilo que chamamos democracia.

Os organizadores

Rodrigo Tavares é professor catedrático convidado na NOVA School of Business and Economics (Nova SBE), em Portugal. Foi pesquisador ou professor em instituições como a Universidade de Harvard; a Universidade das Nações Unidas; a Universidade da Califórnia, em Berkeley; e a Fundação Getulio Vargas (FGV). Doutor pela Universidade de Gotemburgo, na Suécia, realizou pesquisa de pós-doutorado na Universidade de Columbia. Foi chefe da Assessoria Especial para Assuntos Internacionais do governo do estado de São Paulo entre 2011 e 2014. Autor de vários livros e dezenas de artigos científicos sobre relações internacionais, sustentabilidade, finanças e desenvolvimento econômico, é também fundador e CEO do Granito Group. Em 2017 foi reconhecido como Young Global Leader pelo Fórum Econômico Mundial. É colunista da *Folha de S.Paulo* desde 2020.

Flavia Lima é formada em ciências sociais pela Universidade de São Paulo (USP) e em direito pela Universidade Presbiteriana Mackenzie, com MBA pela FIA Business School. Trabalhou no *Valor Econômico*, na *Bloomberg*, na *IstoÉ Dinheiro* e na *Gazeta Mercantil*. Foi ombudsman da *Folha de S.Paulo* entre 2019 e 2021. Atualmente é secretária-assistente de redação e editora de Diversidade da *Folha*, coordenando também o Programa de Treinamento do jornal.

Naief Haddad é repórter especial da *Folha de S.Paulo*, onde trabalha desde 1997. Ao longo de sua trajetória no jornal, atuou como editor de Projetos Especiais, Esporte, Turismo e Guia, e como editor-adjunto da Ilustrada. Formado em jornalismo pela Faculdade Cásper Líbero, tem pós-graduação em jornalismo digital pela Escola Superior de Propaganda e Marketing (ESPM). É coautor do livro *África em São Paulo* (2024, Instituto Olga Kos) e organizador da coleção 100 Anos de Fotografia pelas Lentes da Folha (2021, Folha) e do livro *Primeira página* (2022, Folha).

ULYSSES GUIMARÃES: SENHOR DIRETAS

"O fato político do Brasil atual é a eleição direta", escreveu o presidente do PMDB e deputado federal Ulysses Guimarães em artigo publicado na *Folha de S.Paulo* de 25 de janeiro de 1984. O texto, reproduzido a seguir, expunha novamente o perfil arrojado do principal líder da oposição à ditadura. João Figueiredo, o último dos cinco presidentes do regime militar, e seus aliados eram contrários às eleições diretas para presidente. Insistiam em uma disputa no Colégio Eleitoral, restrita aos deputados federais.

No artigo, Ulysses associava a preferência governista à "obstinação fascista de cassar a cidadania de 60 milhões de brasileiros para que elejam a principal autoridade do país, o presidente da República". O parlamentar expressava a coragem e o apreço à democracia que havia demonstrado em 1973, quando lançara sua "anticandidatura" ao Palácio do Planalto — uma iniciativa sem chance de sucesso, mas reveladora da firmeza da oposição.

Justamente naquele 25 de janeiro, quando a cidade de São Paulo completava 430 anos, aconteceu o comício que daria um novo rumo às Diretas Já. A partir daquele momento, as mobilizações se consolidariam como o maior movimento popular da história do Brasil.

Não era o que se testemunhava até então. Apresentada em março do ano anterior, 1983, a emenda Dante de Oliveira, que visava restabelecer as eleições diretas no Brasil, demorou para ganhar adesão popular. Dois meses depois, Ulysses e outros líderes da oposição, como Luiz Inácio Lula da Silva, do PT, entraram em um acordo para sair às ruas em defesa das diretas, mas os atos dos meses seguintes reuniram públicos modestos.

Na visão de Ricardo Kotscho, que acompanhou a campanha passo a passo durante cinco meses como repórter da *Folha*, tudo mudou no evento que tomou completamente a praça da Sé, na capital paulista. "Todos subiram no palanque: governadores de oposição [ao presidente Figueiredo], presidentes de partidos, artistas [...] E isso graças ao Franco Montoro, governador de São Paulo, que conseguiu juntá-los."

Naquele palanque estavam algumas das principais lideranças que dariam o tom à Nova República nas décadas seguintes. Além de Ulysses, Lula e Montoro, Fernando Henrique Cardoso, Leonel Brizola, Mário Covas, entre outros. A única exceção relevante entre os opositores naquela ocasião era Tancredo Neves.

É Kotscho quem lembra um episódio que diz algo sobre as personalidades de Ulysses e Tancredo, os dois maiores nomes da transição da ditadura para a democracia. A certa altura do maior comício no Rio de Janeiro, em 10 de abril de 1984, eles conversavam em um canto do palanque. O repórter se aproximou. Tancredo, apontando para o mar de gente, disse: "E agora, Ulysses? Como vamos fazer para administrar esse povo? Depois que vai para a rua, não tem volta." Ulysses respondeu: "Pois é isso mesmo que eu quero!"

O paulista impetuoso se contrapunha ao mineiro cauteloso. Aproximavam-se, porém, na experiência política e na convicção de que o Brasil precisava reencontrar a democracia.

Entusiasmado com as multidões vistas pelo país afora, Ulysses estava certo de que a emenda Dante de Oliveira sairia vitoriosa. Errou. No dia 25 de abril de 1984, por uma diferença de apenas 22 votos, a proposta foi derrotada. Aquele ano ganhou o carimbo de ápice das Diretas, mas não entrou para a história como o início da Nova República, conforme Ulysses esperava.

A derrota por pequena margem no Congresso, porém, foi determinante para que, no ano seguinte, um candidato de oposição, Tancredo, vencesse o governista Paulo Maluf no Colégio Eleitoral. Era o ponto final dos 21 anos da ditadura e a primeira linha da Nova República, período turbulento que logo de início teve a morte de Tancredo e a posse de seu vice, José Sarney.

A contribuição de Ulysses para a vida política do país não estava encerrada. Deputado federal por onze mandatos consecutivos, presidiu ainda a Assembleia Constituinte na segunda metade da década de 1980. "A nação nos mandou executar um serviço. Nós o fizemos com amor, aplicação e sem medo", afirmou na promulgação da Carta, em outubro de 1988.

Por fim, uma observação. O artigo de Ulysses ganha uma presença *hors-concours* neste livro. Escrito em janeiro de 1984, só este, entre todos os textos, não foi produzido nos quarenta anos da Nova República, período contado a partir de 1985. Além disso, apenas este artigo não vem acompanhado de um comentário analítico. O tratamento único é a nossa homenagem ao Senhor Diretas, como Ulysses passou a ser chamado.

Os organizadores

O cheiro das diretas

ULYSSES GUIMARÃES 25 DE JANEIRO DE 1984

Política é o fato, constatou De Gaulle.

O fato só pode ser substituído por outro fato. Como no amor. Só se esquece um amor pondo outro em seu lugar.

O fato político do Brasil atual é a eleição direta. Pesquisas idôneas são fatos. Elas provam que mais de 80% do povo são pró-diretas. Assinaturas em documentos são fatos. Cem por cento dos prefeitos de São Paulo e Paraná eleitos pelo PMDB, PT e PDT, e 80% dos pedessistas comprometeram-se com as Diretas. Os governadores do PDS, quase todos, no rádio, TV e na imprensa diariamente se manifestam pela eleição direta do presidente da República. São fatos notórios.

O que se contrapõe a esses fatos? Somente a decisão da Comissão Executiva Nacional do PDS pelo Colégio Eleitoral. Essa decisão briga com os fatos, com a opinião política censitária, quase unânime, da sociedade e das bases e lideranças do próprio PDS. Palavras *versus* fatos, portanto. É uma decisão-tambor: faz barulho, mas é oco por dentro. Vai cair, como a coluna de dominós. Cai uma pedra, caem todas. Já caíram várias pedras, como prefeitos, vereadores, governadores do PDS. O Colégio Eleitoral cairá no Diretório Nacional ou na Convenção Nacional do PDS. É um truque, não é uma lei.

Louco é quem rasga dinheiro. Politicamente louco é quem rasga 60 milhões de títulos eleitorais. A isso equivale a obstinação fascista de cassar a cidadania de 60 milhões de brasileiros para que elejam a principal autoridade do país, o presidente da República. Milênios guardam a advertência de Homero: os deuses tornam loucos aqueles que querem perder. O presidente da República estaria louco? Estará louco o José Sarney? Querem que seu partido — o coitado do PDS — seja devorado nas eleições de 1986? Na última conversa que tive com o presidente nacional do PDS, em Brasília, reportando-se à Espanha, falou em festa triste. É esse tipo de festa — festa triste — que a minoria "kamikaze" ou suicida de 1/3 de senadores e deputados prepara para autofagicamente comer no Congresso Nacional a sobrevivência do próprio partido, impedindo a aprovação da emenda constitucional das eleições diretas?

Multidões nas praças e ruas do Brasil, comentaristas responsáveis, deram nota zero com louvor a essa apostasia maluca, que poderá catapultar no caos a ordem social já tão abalada. O direito do cidadão em participar da política de seu país é um fato. Na democracia, a soberania do povo é um fato, é um dogma, é o começo e o fim de tudo. O Colégio Eleitoral não é um fato. É um antifato. É uma construção arbitrária que destrói a cidadania e é blasfêmia contra o fundamento da ordem política estruturada na representatividade. No Colégio Eleitoral, o território de Roraima, com 28.600 eleitores, tem seis representantes, e São Paulo, com 12 milhões de eleitores, também tem seis representantes. É a matemática da ditadura. Dois e dois são cinco, como a denunciou, em seu período feroz, o gênio Caetano Veloso. Na democracia, o eleitor é insubstituível, a soberania popular é insubstituível. A força impõe o Colégio Eleitoral, é usurpação, não é substituição do direito pessoal que os cidadãos têm de comandar a nação por meio do voto.

O cheiro é o logotipo da autenticidade. Na criminologia, há o *odor criminis*. É o cheiro do crime e do criminoso. Antes das provas e da confissão, é o rastro do cheiro que leva ao criminoso. Há o capitoso, afrodisíaco *odor di femmina*. Estava em Paris almoçando com o embaixador Gilberto Amado e amigos. Chega à mesa moça de São Paulo, dos Jardins. Não digo o nome, Gilberto explode apoplético: "Vá tomar banho. Senão não se senta nesta mesa. Antigamente as francesas se encharcavam de perfume porque não tomavam banho. Punham cheiro para evitar o mau cheiro. Milênios fabricavam o *odor di femmina*, o sedutor cheiro da fêmea. Não há colônia que o substitua."

Não é só cavalo, mas também o povo tem cheiro. É o cheiro dos estádios, dos ensaios e desfiles das escolas de samba, do arrasta-pé, da gafieira, dos forrós. É o cheiro das praças apinhadas de gente, das marchas e passeatas. Eleição direta é o cheiro do povo no governo, cheiro de despensa com víveres, isso é o significado etimológico da economia, para que não tenha o cheiro podre da corrupção impune, o cheiro vadio da ociosidade, a ausência de cheiro da incompetência, o cheiro de traição ao FMI,* às multinacionais e aos bancos estrangeiros. Pior que os gringos que nos compram são os nativos que nos vendem.

Ulysses Guimarães foi um dos mais destacados políticos brasileiros do século XX. Deputado federal por mais de quarenta anos, presidiu a Câmara dos Deputados (1956-1958, 1985-1989) e foi ministro do Desenvolvimento, Indústria e Comércio Exterior (1961-1962). Depois de ter sido uma das figuras-chave na campanha das Diretas Já, presidiu a Assembleia Nacional Constituinte que elaborou a Constituição de 1988. Morreu em 1992.

* Fundo Monetário Internacional (FMI) (*Nota dos Organizadores, doravante N. dos orgs.*).

Transição para a democracia

Desafios da Presidência

Desafios da segurança pública e do Judiciário

Desafios da desigualdade e da economia

Desafios da inclusão

Desafios do desenvolvimento sustentável

Democracia em disputa

Democracia ameaçada

ELIO GASPARI § MUNIZ SODRÉ

Tempos de repressão

Autor de uma vasta obra sobre a ditadura militar, que durou 21 anos, o jornalista Elio Gaspari reconstruiu o regime por dentro em um texto publicado em 2020. Apresentou uma sequência de governos marcados por crescimento econômico e censura, progresso e tortura, ordem e descontrole militar. Por outro caminho, o professor Muniz Sodré narra o impacto da ditadura na sua cidade, Salvador, onde a repressão se deu entre rostos familiares.

Uma visão centrada no poder, a outra na experiência. Ao escolher o esquecimento no lugar da reparação, a democracia brasileira carrega em sua refundação os resíduos do regime que substituiu. É desse ponto que partimos.

Foi fácil entrar na ditadura, difícil foi sair

Estabilidade se deveu à primeira conciliação nacional partida da oposição, graças à genialidade de Tancredo

ELIO GASPARI — 27 DE JUNHO DE 2020

O primeiro general entrou no Palácio do Planalto em 1964 e o último (o quinto) saiu por uma porta lateral em 1985. Contada assim, a ditadura durou 21 anos, mas ela se diferenciou de outras latino-americanas, comunistas, africanas e até mesmo de algumas europeias. Sua maior singularidade esteve na rotação da Presidência. Enquanto pelo mundo afora os ditadores só deixavam o poder mortos ou depostos, no Brasil todos tiveram mandatos. O regime intitulava-se "revolução".

Disso resultou que o governo do marechal Castello Branco (1964-1967) pouco se parece com o de Arthur da Costa e Silva (1967-1969). A Presidência de Emílio Garrastazu Médici (1969-1974) pouco teve a ver com a de Ernesto Geisel (1974-1979). Foi Médici quem escolheu Geisel para sucedê-lo e anos depois diria que "se arrependimento matasse, eu já teria morrido".

Nenhum dos quatro se pareceu com João Baptista Figueiredo (1979-1985). Quando ele saiu pela porta lateral do Palácio, estava afastado de Geisel, o país estava quebrado, o regime havia perdido a credibilidade.

A estabilidade política foi salva pela primeira conciliação nacional partida da oposição, graças à genialidade de Tancredo

Neves. (Ele viria a ser eleito indiretamente, mas morreu sem tomar posse.)

As duas décadas de ditadura produziram progresso e pleno emprego, bancarrota e recessão, ordem pública, censura e torturas, moralidade e corrupção (numa escala centesimal).

O coronel-deputado Costa Cavalcanti, que construiu a hidrelétrica de Itaipu, morreu com patrimônio irrelevante.

Até hoje, as viúvas da ditadura fingem que as ruínas não aconteceram, e seus adversários relutam em admitir que algumas coisas deram certo.

Fulanizando: o general Augusto Heleno disse em 2018 que "a Colômbia ficou cinquenta anos em guerra civil porque [eles] não fizeram o que fizemos no Araguaia". E o que fizeram no Araguaia? Entre outubro de 1973 e o segundo semestre de 1974, a tropa do Exército combatia uma guerrilha do Partido Comunista do Brasil na região do Araguaia.

Matou cerca de quarenta combatentes, inclusive aqueles que atenderam aos convites para que se rendessem. Presos, eram interrogados e, em seguida, assassinados. Uma guerrilheira achada debaixo de uma árvore à míngua foi presa, alimentada, ouvida e executada.

A ditadura teve períodos de relativa liberdade de imprensa e de severa censura. A repressão política exacerbou-se a partir de 1968 e declinou depois de 1977. Praticada em nome do combate a um surto terrorista que foi debelado em 1971, gerou uma força militar indisciplinada.

A bomba que explodiu na casa do jornalista Roberto Marinho em 1976 foi colocada por oficiais. Eram militares lotados no DOI-Codi* o capitão e o sargento que em 1981 levaram outra bomba para o estacionamento do Riocentro na noite em que se realizava

* O Destacamento de Operações de Informações–Centro de Operações de Defesa Interna (DOI-Codi) foi um órgão de inteligência e repressão vinculado ao Exército brasileiro, atuante durante a ditadura militar, responsável por perseguir, prender e interrogar opositores do regime (*N. dos orgs.*).

um espetáculo musical. (O sargento morreu quando ela explodiu no seu colo.)

Como os cinco presidentes foram generais, uma memória seletiva do período finge que a disciplina militar deu ordem ao regime. Falso. Em 35 anos de regime democrático, o Brasil ainda não teve um só episódio significativo de anarquia militar. Durante a ditadura, registraram-se pelo menos cinco episódios relevantes (em 1965, 1968, 1969, 1977 e 1981).

Castello Branco era um general de tintas francesas. Recusou-se a suspender os direitos políticos do jornalista Carlos Heitor Cony e escreveu: "Não vejo razão para cassar-lhe o mandato. [Cony não tinha mandato, seria o caso de tirar-lhe os direitos políticos.] É, às vezes, insolente e quase sempre mentiroso. Tem atacado desabridamente o ministro da Guerra e enuncia ideias que desrespeitam as Forças Armadas. Contra mim, formula insultos: o presidente é um 'pau-mandado' na mão de seus subordinados. Em vez de retirar-lhe os direitos políticos, o que muito o valorizaria, prefiro deixá-lo com seus artigos. A revolução sairá ganhando."

O general francês foi emparedado por seu ministro do Exército, Costa e Silva. Eleito presidente em 1967, o marechal autoemparedou-se em 1968 e baixou o Ato Institucional nº 5,* fechando o Congresso, emasculando o Judiciário e criando o mecanismo processual que facilitava a tortura de presos. Para isso suspendeu o instituto do *habeas corpus* para crimes contra a segurança nacional e garantiu a incomunicabilidade dos presos por dez dias.

Em 1969, Costa e Silva teve uma isquemia cerebral que o deixou mudo e semiparalítico. Seu vice era um civil, o deputado Pedro Aleixo, prontamente impedido com a posse de uma Junta Militar. A censura proibia o uso dessa expressão, mas os três minis-

* O Ato Institucional nº 5 (AI-5), decretado em 1968 durante a Presidência de Arthur da Costa e Silva, foi o mais repressivo dos atos institucionais da ditadura militar brasileira. Concedeu poderes extraordinários ao Executivo, permitindo o fechamento do Congresso, a cassação de mandatos, a suspensão de direitos políticos e o endurecimento da censura e da repressão estatal (*N. dos orgs.*).

tros militares foram chamados de "Os Três Patetas" pelo general Ernesto Geisel (em conversas privadas) e pelo presidente do MDB, Ulysses Guimarães (mais tarde, em declaração pública).

À isquemia de Costa e Silva sucederam-se semanas de anarquia militar enquanto um conclave de generais escolhia o novo presidente. "Elegeu-se", não se sabe como, o general Médici. Dias depois a escolha foi ratificada pelo Congresso reaberto.

O mito da ordem da ditadura pode ser avaliado a partir de dois episódios. Durante o governo de Costa e Silva, o general Ernesto Geisel, que havia chefiado a Casa Militar de Castello Branco e se opusera à sua escolha, estava no Superior Tribunal Militar. Quando alguém lhe telefonava para tratar de política, mesmo sendo uma pessoa que habitualmente não usava palavrões, fazia o seguinte preâmbulo: "Cuidado, que tem uns filhos da puta aí, que andam empoleirados nos cargos públicos aí, que querem ouvir a minha conversa. De maneira que vão à merda."

A esse tempo, Antonio Delfim Netto (que não trabalhava com grampos) mandava na economia. Foi o ministro da Fazenda mais poderoso da história republicana.

Anos depois, Geisel estava na Presidência e impediu-o de ser governador de São Paulo. Como preferia tê-lo na administração, desde que ficasse longe, em junho de 1974 Delfim chegou discretamente a Brasília para uma conversa com o general Golbery do Couto e Silva, chefe da Casa Civil de Geisel. Entrou na sala da Granja do Ipê e o anfitrião indicou-lhe o lugar onde deveria se sentar. Eram dois os microfones ocultos e o que devia ser ligado debaixo de um armário da cozinha. "Eu desconfiei quando ele apontou a cadeira", contaria Delfim mais tarde.

A anarquia militar chegou ao seu ponto culminante no segundo semestre de 1977, quando o ministro do Exército, general Sylvio Frota, embandeirou-se para suceder a Geisel. Adversário da política de abertura "lenta, segura e gradual" do presidente, em suas memórias Frota viria a atribuir-lhe "tendências socialistas" onze vezes. No dia 12 de outubro de 1977, Geisel demitiu-o.

O ministro seguiu para a audiência em que foi dispensado achando que demitiria Geisel, com a autoridade que lhe teria sido conferida pelos integrantes do Alto-Comando do Exército, algo como o Conselho de Administração de uma empresa trocando seu executivo. Enganou-se, e, ao prevalecer, Geisel restabeleceu o primado da Presidência sobre as Forças Armadas.

A abertura iniciada por Geisel foi conduzida e concluída por Figueiredo, um cavalariano cardiopata, que cultivava um folclore de vulgaridade. A sorte faltou-lhe. Explodiram no seu colo três bombas. Em 1981, deu-se o atentado do Riocentro. Meses depois, suas coronárias entupiram, e no ano seguinte a dívida externa levou o país à bancarrota.

Seu governo foi ruinoso, mas, salvo seus maus hábitos pessoais, não foi ele quem provocou as desgraças. As ruínas eram do regime.

Se a ditadura certamente começou em 1964, não é fácil dizer quando ela terminou. O AI-5 foi extinto em 31 de dezembro de 1978. Figueiredo assinou a Lei da Anistia em agosto de 1979, e em 1982 realizaram-se eleições diretas para os governos dos estados. Leonel Brizola, exilado e vigiado desde 1964, voltou ao Brasil e elegeu-se governador do Rio de Janeiro.

Castello Branco dizia que era fácil entrar numa ditadura, mas era difícil sair dela. Vem daí a dificuldade para se dizer quando acabou a "revolução" de 1964.

Ela acabou aos poucos e aos solavancos. O Brasil ficou devendo a Tancredo Neves a costura dos atos finais desse processo. Ele ajudou a construir uma coisa que ainda hoje muita gente acha que não aconteceu: uma conciliação vinda da oposição.

Elio Gaspari é jornalista e escritor. Trabalhou na revista *Veja* e no *Jornal do Brasil*, e é colunista da *Folha de S.Paulo* desde 1996. Sua principal obra é a coleção A Ditadura, composta por cinco volumes que oferecem uma visão detalhada do regime militar brasileiro, publicados pela Intrínseca. Em 2016, recebeu o Prêmio Vladimir Herzog.

A atmosfera afetiva dos oprimidos

MUNIZ SODRÉ

Em 1964, o golpe de Estado burguês-militar equivaleu, na Bahia, à abertura de uma caixa de Pandora, não como liberação dos males do mundo (imagem mais adequada ao AI-5), e sim como um monturo de surpresas chocantes.

Jovem encarregado da editoria internacional no *Jornal da Bahia*, eu concluía um curso na faculdade de direito da Universidade Federal da Bahia (UFBA) quando o anúncio aziago do golpe chegou ao modo de um elefante que se sentasse sobre minha geração universitária. Sem pertencer a partido nem a movimento algum, a minha condição de esquerda independente refletia-se nas páginas do jornal, notoriamente esquerdista. Eu soube na hora que estaria marcado na cidade.

Mas surpresa mesmo foi tomar conhecimento de que figuras conhecidas da província eram "espiões adormecidos" de serviços de informação militar. Um, insigne professor de medicina, de arma na cintura, saiu prendendo gente. Outro, jornalista frequentador de altos círculos, logo tornou pública a sua adesão aos novos senhores. Vários outros, aos poucos, um deplorável barata-voa de canalhas.

Certa manhã, um deles bateu fardado à minha porta e me intimou ao quartel-general, onde vegetei um dia. Nada de mais realmente, mas a cidade ficou irrespirável. Migrei para o Rio, embora não às pressas como colegas de universidade cujos rostos tinham sido estampados no jornal conservador local com o subtítulo de "procura-se".

Esse ângulo personalista na visão do golpe justifica-se porque, na província, a substituição de figuras do poder foi lenta, e não havia a tortura sistemática que se implantaria tempos depois. Não houve também nada comparável aos ataques do AI-5 aos cientistas da Fiocruz (conhecido como o "massacre de Manguinhos") nem a instituições como a Universidade de São Paulo (USP), a Universidade Federal de Minas Gerais (UFMG), a Escola Paulista de Medicina (EPM) e outras de pesquisa e ensino, onde professores foram cassados e aposentados.

Uma exceção foi a prisão do professor Milton Santos, geógrafo de repercussão internacional, a quem eu era particularmente ligado. Não tinha por quê. Visando a libertá-lo, partiu de uma universidade francesa um convite para dar aulas, entregue ao comando militar pelo cônsul francês da época, junto a um protesto pelas circunstâncias aviltantes infligidas ao notório intelectual. Disse o comandante ao diplomata: "O senhor foi militar, sabe como são essas coisas de repressão." Ouviu na hora a resposta, que repercutiu: "Não, não sei. Eu fui militar de combate na Segunda Guerra."

No Rio, após curta passagem pelo *Jornal do Brasil*, passei a trabalhar na *Manchete*, da qual tenho uma evocação recente. É que em uma cena de *Ainda estou aqui*, o filme de Walter Salles vencedor do Oscar de Melhor Filme Internacional, a primogênita retorna de Londres e, ainda no aeroporto, sua mãe, Eunice Paiva, lhe diz que teriam de se apressar, pois tinham hora marcada com a reportagem da *Manchete*. Retruca a jovem: "O que essa revista vendida está fazendo em nossa casa?"

Na verdade, não foi apenas a revista, porém, em diferentes graus, a maior parte da grande imprensa. Isso é bem sabido, mas a reação da filha toca emocionalmente a quem militava naquele semanário em 1971, ano do sequestro e morte de Rubens Paiva. Havia gente de alta qualidade na Redação, mas a revista, como costumava ironizar em francês o seu conhecido editor, estava *à côté* (ao lado) da realidade. Faturava-se a cores o "milagre brasileiro".

Não era posto de observação válido das atrocidades da ditadura. Na imprensa diária, sim, fervilhavam os acontecimentos nas redes de apuração por jornalistas de fatos, camuflados nas notícias publicadas.

É raro que relatos sobre a ditadura espelhem a atmosfera afetiva dos oprimidos, se não "cavalos maltratados", pelo menos ansiosos pela bofetada punitiva. Falta o toque emocional capaz de incluir os que não tiveram plena voz pública nas narrativas. Foi quase sempre assim no jornalismo impresso, mesmo quando é costura forte do tecido democrático em uma sociedade civil ativa. Mas, em uma democracia cada vez mais estruturada por emoções, em vez de opiniões, o depoimento sensível, na escuta das vítimas, é um caminho que se abre para melhor compreensão da história vivida.

Muniz Sodré é professor emérito da Universidade Federal do Rio de Janeiro (UFRJ). Referência nos estudos de comunicação no Brasil, é autor de obras fundamentais sobre mídia, cultura e pensamento afro-brasileiro, como *Pensar Nagô* (2017), *A sociedade incivil* (2021) e *O fascismo da cor* (2023), todos publicados pela editora Vozes. Presidiu a Fundação Biblioteca Nacional (FBN) entre 2005 e 2011 e é colunista da *Folha de S.Paulo* desde 2021.

BORIS FAUSTO § ANA FLÁVIA MAGALHÃES PINTO

Limites da democracia

O que cabe na palavra "democracia"? Quando o historiador Boris Fausto publicou, em 1999, seu artigo sobre os limites históricos da democracia no Brasil, propôs uma leitura ancorada na sobriedade e no peso das instituições. A democracia, ainda precária, aparecia como um ideal a ser perseguido, mesmo em solo frágil.

Duas décadas e meia depois, a historiadora Ana Flávia Magalhães Pinto interroga os pressupostos desse ideal e os marcos que o definem, com base em experiências e pensamentos tradicionalmente marginalizados. Se Fausto escreve a partir da tradição, Ana Flávia responde desde as frestas, onde a história oficial não deu conta de nomear formas de existência, resistência e invenção política. Nessa sobreposição de vozes, percebe-se que a democracia brasileira não cabe em um só tempo, uma só memória, uma só linguagem. É uma encruzilhada de sentidos e trajetórias históricas.

Democracia e história

BORIS FAUSTO 25 DE OUTUBRO DE 1999

Nos tempos atuais, em que tanto se insiste no tema da diversidade cultural, uma pergunta surge inevitavelmente: seria viável afirmar que a democracia ocidental é o regime desejável para a maioria dos povos do globo?

A questão tem muito a ver com as condições históricas específicas que possibilitaram o surgimento de instituições democráticas na Europa e nos Estados Unidos. Essas instituições se ampliaram e se consolidaram graças às pressões populares e à existência de uma sociedade civil articulada, cuja base se encontra em uma classe média ampla, incorporando noções de direitos individuais e deveres sociais.

Limitando o foco da pergunta, caberia indagar se muitos países da América Latina, entre eles o Brasil, teriam condições de ir além de um regime democrático "incompleto" e precário, sujeito a crises profundas, à sedução dos homens providenciais, aos golpes civis ou militares. No caso brasileiro, nossa formação histórica não estaria a indicar a existência desses limites, dada a falta dos requisitos clássicos de instituição da democracia? Elementos como a vigência da escravidão até fins do século XIX, o Estado patrimonial, a dominação dos chefes locais, a fragilidade da sociedade civil e o nepotismo não estariam reduzindo ao máximo as possibilidades de implantação de uma democracia estável?

Sem dúvida, esses elementos estão na raiz das nossas vicissitudes e explicam a presença de uma cultura autoritária, tanto na vida social quanto na vida política. Nem tudo, porém, se reduz a isso. A tradição histórica brasileira tem outra vertente, que é a da existência de instituições representativas, embora restritas, cuja ampliação foi um objetivo permanente de muitos setores da sociedade. Exemplificando, lembremos a luta contra a fraude eleitoral e pelo voto secreto nos anos 1920; a defesa contínua da liberdade de expressão pelos jornais e pelas associações de classe; os anos democráticos, apesar de seus limites, entre 1945 e 1964; a entusiástica campanha popular pelas eleições diretas em 1984.

Nos dias que correm, sob o aspecto quantitativo, o Brasil converteu-se em uma democracia de massas. O avanço é real, mas insuficiente. Ainda são muitos os limites impostos à implantação de uma democracia substantiva. Ela implica a ampliação dos canais de participação social e política em diferentes esferas, a eliminação de carências básicas, um enorme esforço educativo, tendo por objetivo maior a ampliação da cidadania.

As iniciativas que vêm sendo tomadas nesse sentido são promissoras. Não se trata de uma reprodução de eternas boas intenções, mas de novas formas de atuar, entre as quais se incluem o crescente envolvimento de setores da sociedade, com destaque para os jovens; a descentralização de atividades, dando relevância ao nível municipal e local; as parcerias entre a sociedade civil e o Estado, em uma perspectiva que trata de afastar-se do assistencialismo e do clientelismo.

Há boas razões para pensar que tudo isso veio para ficar, aumentando as possibilidades de alcançar maior justiça social e a consolidação democrática.

Boris Fausto foi um historiador e cientista político reconhecido por suas contribuições para o estudo da história política do Brasil. É autor de extensa bibliografia, incluindo *A Revolução de 1930* (1969, Companhia das Letras) e *História do Brasil* (1994, Edusp). Recebeu três prêmios Jabuti e o America's Award da American Sociological Association. Foi colunista da *Folha de S.Paulo* de 1998 a 2003. Morreu em 2023.

Muito mais que democracia

ANA FLÁVIA MAGALHÃES PINTO

"Democracia e História." No dia 25 de outubro de 1999, uma segunda-feira, sem qualquer efeméride que o ajudasse a emoldurar os argumentos, Boris Fausto ocupou com esse mote a quase totalidade da margem direita da página de Opinião da *Folha de S.Paulo*. Ali ele questionava: seria a democracia ocidental "o regime desejável para a maioria dos povos do globo"? Teria o Brasil condições de "ir além de um regime democrático 'incompleto' e precário, sujeito a crises profundas, à sedução dos homens providenciais, aos golpes civis ou militares"?

O historiador não inaugurava um debate com essas perguntas. Em vez disso, seguia uma tradição estabelecida, ainda no período colonial, por homens públicos dedicados a analisar a viabilidade da nação brasileira à luz de promessas vindas do que hoje se chama de Norte Global. Promessas essas com força de matrizes de sentido a um só tempo comuns e estranhas à realidade local, mas que se firmaram, para muitos, como medida das coisas.

Ao longo de gerações, expectativas e frustrações de vários analistas conviveram com o temor de que, não havendo uma democracia, só restaria a barbárie. O alerta afirmava o caráter incontornável do pressuposto: a quem tem apreço pela primeira, está posta a tarefa de se insurgir contra a segunda. Algo objetivo e profundamente desafiador.

Assim, diante da tarefa de revisitar o artigo de Fausto, passados 25 anos, caberia a mim selecionar um conjunto de episódios de fracassos e vitórias e fazer um balanço? De fato, tal como não custou ao historiador paulistano coletar exemplos, a mim talvez fosse o caminho até mais fácil, sobretudo se seguisse um padrão específico de curadoria de acontecimentos.

Pelo lado dos fracassos, destacaria a derrubada comprovadamente ilegítima da presidenta Dilma Rousseff em 2016, as manobras eleitorais por meio do uso de ferramentas de comunicação digital nas eleições de 2018 e 2022, o 8 de janeiro de 2023 como ponto alto de uma tentativa de golpe de Estado orquestrada dentro das instituições de governo.

Pelo lado das vitórias, alimentaria esperanças falando da mobilização permanente de vários segmentos sociais para frear o avanço do fascismo na regulação da vida, e até mesmo ressaltaria o aumento da percepção da atuação política de pessoas negras, indígenas, LGBTQIA+, mulheres cis e trans.

Os cálculos apontariam que ainda estamos longe de uma democracia plena, mas que precisamos continuar tentando. E haveria certo conforto nisso. Embora não caminhemos em linha reta rumo a um horizonte edênico, conta a História que estar nela é justamente criar possibilidades de ser.

Ocorre que, considerando os aprendizados acumulados por meio de tradições de pensamento radical — sobretudo instituídas por intelectuais pertencentes a grupos político-racialmente minorizados, mas ainda subaproveitadas não apenas em circuitos hegemônicos —, é recomendável ir além e reposicionar ao menos alguns termos da reflexão.

Tal como demonstrado por Walter Rodney em *Como a Europa subdesenvolveu a África* (1972), há que se desatar nós epistemológicos e compreender as razões que estruturam o mal-estar da incompletude crônica das democracias não apenas no Sul Global, mas em qualquer lugar do mundo. Havendo expoentes anteriores e posteriores ao historiador guianense, não se trata de uma chave de leitura facultada pela experiência recente de sucesso de grupos conservadores extremistas, cuja totalidade nem mesmo se beneficia do desmonte de instrumentos de promoção da equidade.

Com a ajuda das lentes da "amefricanidade", nos termos propostos pela historiadora e filósofa Lélia Gonzalez, e já me remetendo ao pensador Ailton Krenak, é estratégico dimensionar como os vários adiamentos do fim do mundo promovidos por povos que não endossaram por completo os termos do jogo colonial têm sido operados por meio de ampliados vocabulários e gramáticas políticas. Afinal, foi com eles que enfrentamos e até frustramos projetos de genocídio e epistemicídio. Isso me parece caro a quem opera pela categoria da "democracia".

Ana Flávia Magalhães Pinto é professora do Departamento de História e do Programa de Pós-graduação em direitos humanos da Universidade de Brasília (UnB), com doutorado em História pela Universidade Estadual de Campinas (Unicamp). É membra-fundadora e coordenadora-geral do Grupo de Trabalho sobre Arquivos Comunitários da Associação Latino-Americana de Arquivos (ALA), tendo sido diretora-geral do Arquivo Nacional (AN) entre 2023 e 2025. É autora de livros como *Escritos de liberdade: literatos negros, racismo e Cidadania no Brasil oitocentista* (2019, Unicamp).

CELSO FURTADO § SAMUEL PESSÔA

Avanços e impasses econômicos

Um dos maiores economistas brasileiros da segunda metade do século XX, Celso Furtado escreveu um artigo às vésperas da promulgação da nova Constituição, refletindo sobre como o país reencontrava a democracia — ainda incompleta, em sua visão. Quase quarenta anos depois, o também economista Samuel Pessôa retoma esse ponto de partida para examinar avanços, pontos de estagnação e pendências.

Furtado identificou três consensos fundamentais: consolidação democrática, modernização do Estado e descentralização federativa. Pessôa reconhece progressos nessas frentes, mas ressalta a baixa produtividade e a desigualdade social como impasses persistentes.

Os textos revelam como a promessa institucional da redemocratização esbarrou em um bloqueio social duradouro e refletem sobre o desafio de transformar a democracia formal em uma democracia substantiva.

Transição para a democracia no Brasil

CELSO FURTADO

16 DE JUNHO DE 1988

O processo de transição do autoritarismo para a democracia no Brasil apresenta peculiaridades, pela duração e complexidade, cuja explicação requer conhecimento das profundas transformações ocorridas nas relações do Estado com a sociedade.

A partir do término da Segunda Guerra Mundial, a economia brasileira conheceu um processo de rápido e sustentado crescimento, impulsionando uma industrialização essencialmente orientada para o mercado interno. Era o modelo clássico chamado de "substituição de importações", que se viabilizou no Brasil graças à grande população do país e à riqueza de sua base de recursos naturais. Nos três decênios compreendidos entre 1950 e 1980, a participação do comércio exterior no produto nacional reduziu-se à metade, mas a taxa média de crescimento anual da economia foi de 7%, e a da produção industrial, superior a 8%.

A alavanca mestra desse crescimento foi a ação do Estado, que incentivou os investimentos industriais mediante políticas apropriadas de câmbio, de crédito fiscal, e incumbiu-se, ele mesmo, de investir em setores estratégicos, como energia, transportes, siderurgia e petroquímica. Esse processo permitiu transformar um país primário exportador em uma das dez maiores economias industriais do mundo contemporâneo.

À medida que se ampliavam as funções do Estado, a luta das forças políticas pelo seu controle se intensificava. Os interesses ligados às exportações tradicionais pressionavam numa direção, o setor industrial protegido e subsidiado, noutra, as massas urbanas que encontravam trabalho nas novas indústrias emergiam como ator político, competindo com uma classe média de tendências corporativas.

Nesse clima de tensões, propício a radicalizações políticas, emergiu, em lideranças modernizantes, um sentimento de impaciência com respeito aos chamados "obstáculos ao desenvolvimento", criados por estruturas tidas como anacrônicas. Por outro lado, as confrontações políticas tenderam a polarizar-se entre a figura do presidente da República, que parecia simbolizar o Estado moderno e a vontade de mudança, e o Poder Legislativo, onde os interesses primário-exportadores e o latifundismo pareciam prevalecer. Em dez anos, essa confrontação produziu o suicídio de um presidente, a renúncia de outro e a deposição de um terceiro.

Nesse quadro de mobilização política, com atores de limitada representatividade social, as mensagens ideológicas tenderam a radicalizar-se, criando condições para intervenção dos militares, seja como aliados ocasionais de certas forças políticas, seja como árbitros, até assumirem a plenitude do poder em 1964.

As forças que apoiaram a ascensão ao poder dos militares eram heterogêneas e, com o tempo, perderam influência. Como aconteceu em outras partes, à medida que se consolidou, o autoritarismo ganhou uma lógica própria, forjando a base social de apoio que lhe convinha. Essa lógica operou em duas direções. De um lado, houve uma ampliação indiscriminada da ação do Estado na esfera econômica. Graças à autonomia de ação, que lhes vinha da ausência de controle político, as empresas do Estado tenderam a ampliar sua órbita de influência, mediante aplicação de recursos que uma política de preços administrados lhes assegurava, ou apelando para o crédito. De outro lado, as responsabilidades do Estado no plano social foram sendo negligenciadas, o que se dava paralelamente ao debilitamento da ação política das forças sociais organizadas. Em consequência, as desigualdades sociais tenderam a acentuar-se.

A hipertrofia do poder burocrático, na ausência de controle exercido pela sociedade civil, engendrou ineficiência e corrupção generalizadas. E, com estas, um descrédito do setor público que é das mais pesadas heranças deixadas pelo regime autoritário.

A crise do modelo de crescimento com o qual pretendera legitimar-se o autoritarismo manifestou-se na primeira metade dos anos 1970, precipitada pela brusca elevação dos preços do petróleo, de consequências particularmente graves no Brasil, então dependente de importações para cobrir 80% de suas necessidades deste combustível.

Pretendendo ignorar que a brutal degradação dos termos de intercâmbio externo significava uma redução da renda interna com reflexos negativos na capacidade de investimento do país, o governo autoritário engajou-se numa política de expansão industrial, financiada com empréstimos externos e orientada para a substituição de importações e promoção de novas linhas de exportação. Essa política está na origem do forte endividamento externo que conduziria o país à grave situação de dependência dos banqueiros internacionais, que hoje prevalece.

A brusca elevação das taxas de juros no mercado internacional, a persistência da degradação dos termos de intercâmbio e a nova vaga de protecionismo nas grandes nações industriais transformaram a tentativa realizada pelo Brasil de ocupar novos espaços na área internacional em ingente esforço para produzir divisas destinadas a atender ao serviço de uma dívida externa quatro vezes e meia maior do que o valor atual das exportações. Essa é a causa da redução considerável da capacidade de investimento e do profundo desequilíbrio nas finanças públicas. Duplo desequilíbrio que está na origem da brutal inflação que aflige presentemente a população do país.

A perda de eficácia e credibilidade do Estado, que se manifestara nos anos 1970, deu lugar, no início do atual decênio, a uma situação de desgoverno. O repúdio ao autoritarismo passou a ser um sentimento generalizado, e a ideia de transição para um regime democrático, preocupação de segmentos crescentes da classe política. Ainda que com atraso, as mesmas preocupações surgiram entre os militares. Um pacto desses com importante grupo político liderado por Tancredo Neves definiu o modelo de transição, o qual excluiu a participação da população, ao fechar as portas às eleições diretas para presidente da República.

As frustrações daí resultantes foram consideráveis, e apenas em parte compensadas pela convocação de uma Assembleia Nacional Constituinte, que soube restituir à população o sentimento de participação, abrindo amplos canais de comunicação com a sociedade civil.

A particularidade da transição brasileira resulta de que os avanços na esfera política não tiveram correspondência imediata no plano institucional. Tudo foi feito no quadro constitucional criado pelo autoritarismo. O respeito, senão totalmente ao fundo, mas pelo menos à forma, do marco legal existente é parte do pacto implícito assumido com os militares pelos líderes políticos da transição. A coexistência da Assembleia Nacional Constituinte com um Congresso ordinário, do qual se originou, constituídos ambos os órgãos legislativos pelas mesmas pessoas, simboliza a ambiguidade de uma situação na qual a ordem jurídica repudiada engendra uma nova ordem capaz de traduzir as aspirações de renovação da sociedade.

Essa transição na ambiguidade está sendo possível porque se formou, no Brasil, um sólido consenso em torno de pontos básicos de política. O primeiro desses pontos é o empenho na consolidação da ordem democrática. A complexidade da sociedade brasileira, para cuja formação contribuíram tantos povos e culturas, agrava os conhecidos reflexos negativos do autoritarismo no plano social.

O segundo ponto sobre o qual existe consenso é o da necessidade da modernização do Estado e de seu redirecionamento para o social. A economia brasileira tem sido concentradora da renda, tendência que foi agravada pelo autoritarismo. Somente uma ação deliberada do Estado pode corrigir as causas ou os efeitos desse processo. O terceiro ponto é o reconhecimento da necessidade urgente de desconcentrar o poder, restaurando a federação e abrindo espaço para uma efetiva incorporação à vida política de amplos segmentos de população ainda marginalizados.

É porque existe concordância sobre o essencial que podemos confiar em que a democracia emergente se consolidará no Brasil, tema comum a nossos países recentemente redemocratizados, que nos vai ocupar nesta conferência na cidade de Manila.*

Celso Furtado foi ministro do Planejamento (1962-1964) e da Cultura (1986-1988), além de membro da Comissão Econômica para a América Latina (Cepal), órgão das Nações Unidas. Com pós-doutorado na Universidade de Cambridge, foi pesquisador ou professor em instituições como a Universidade de Paris-Sorbonne, Yale, American University e Columbia. É autor de obras fundamentais, como *Formação econômica do Brasil* (1959, Companhia das Letras), entre outros livros. Foi eleito para a Academia Brasileira de Letras em 1997. Morreu em 2004.

---

* Em 1988, o então ministro da Cultura Celso Furtado participou de uma conferência internacional na cidade de Manila, nas Filipinas, reunindo países que, naquele período, estavam passando por processos recentes de redemocratização. (*N. da E.*)

Tarefa para os próximos quarenta anos*

SAMUEL PESSÔA

A legitimidade do processo de reconstrução de nossa democracia nos anos 1980, segundo Celso Furtado, se erguia sobre circunstanciais consensos políticos alcançados naquele momento, apesar de toda a heterogeneidade e das desigualdades de nossa sociedade. Desde então, nós avançamos na agenda estabelecida pelos três consensos furtadianos.

Primeiro, a democracia se consolidou no país. Enfrentou o impedimento de dois presidentes e uma tentativa de ruptura institucional. Mudanças de regime estão fora do cardápio.

Segundo, modernizamos o Estado. Hoje temos uma burocracia impessoal, selecionada por meio de concursos públicos competitivos, uma lei de licitação e contratos, entre tantos mecanismos que garantem, ao menos formalmente, um Estado burocrático e impessoal weberiano. Adicionalmente, o grande esforço financeiro foi para a construção de nosso Estado de bem-estar social. Entre gastos com aposentadorias nos diversos regimes, benefícios não contributivos para a terceira idade, seguro-desemprego, auxílio-doença, Programa Bolsa Família etc., o Estado brasileiro gasta anualmente 16% do PIB. Conseguimos construir um sistema pú-

---

* Agradeço os comentários de Rafael Cariello. Erros remanescentes são de minha responsabilidade.

blico e universal de saúde bastante eficiente para o orçamento disponível e avançamos muito na educação: universalizamos o ensino fundamental, melhoramos no médio e, mais recentemente, temos avançado na pré-escola e nas creches.

Em terceiro lugar, do ponto de vista financeiro, há equilíbrio entre os três níveis da federação. A percepção de haver concentração de recursos na União não procede. A aparente concentração decorre do fato de a União custear o Estado de bem-estar. Adicionalmente, receitas da União são usadas para repassar recursos aos estados e municípios de menor renda, corrigindo, em parte, a desigualdade regional. Assim, os objetivos consensuais que, segundo Furtado, legitimaram a construção de nossa democracia foram alcançados.

As duas grandes deficiências dos últimos quarenta anos foram a baixa taxa de crescimento da produtividade e os avanços modestos na redução da desigualdade, em que pesem a carga tributária elevada e a existência de um Estado de bem-estar fornido.

Para alcançar esses novos objetivos, três novas agendas são necessárias. A primeira é a construção da estabilidade macroeconômica. Com o governo FHC, avançamos muito. No entanto, resta a construção da estabilidade fiscal. Temos muito a avançar e, sem ela, corremos o risco da volta da inflação descontrolada. Para crescer, contudo, não basta a estabilidade macroeconômica. Ela é uma precondição.

Aos poucos, temos nos libertado da falsa impressão, legado da recuperação econômica que se seguiu à terra arrasada da Segunda Guerra Mundial, de que a política macroeconômica poderia encaminhar o problema da superação do subdesenvolvimento.

Hoje sabe-se que ultrapassar essa condição é essencialmente um problema microeconômico. O marco legal e institucional tem que coordenar os incentivos privados com os sociais. Essa é a segunda agenda na qual temos que avançar. Fácil de escrever; difícil de executar. A construção institucional não é uma ciência exata.

Cada sociedade, com seus valores e legados, terá que resolver por si esse quebra-cabeça. A recente aprovação da reforma tributária no terceiro mandato do presidente Lula é um grande passo nessa construção. Muito há por ser feito nas diversas áreas.

A terceira agenda é a luta contra o corporativismo e seus impactos negativos sobre o funcionamento do Estado. O gasto público do Estado brasileiro com provisão de serviços públicos e transferências a pessoas é, provavelmente, o maior entre os países emergentes, em proporção ao tamanho da economia. O impacto na queda da desigualdade é baixo. O maior entrave ao desenvolvimento brasileiro é certamente a baixa qualidade do sistema público de educação. Não conseguiremos superar a armadilha da renda média com o atual padrão das escolas públicas que temos. Sem enfrentar o corporativismo não haverá orçamento que melhore a qualidade do sistema público de educação.

Infelizmente ainda não dispomos, quanto a essas novas tarefas, do consenso que o mestre Furtado enxergou nos três pontos por ele levantados.

Samuel Pessôa é doutor em economia pela Universidade de São Paulo (USP) e pesquisador do Instituto Brasileiro de Economia da Fundação Getulio Vargas (FGV Ibre). É colunista da *Folha de S.Paulo* desde 2012.

CELSO LAFER § OSCAR PILAGALLO

A gênese da Nova República

Em janeiro de 1985, o professor Celso Lafer escreveu a quente sobre a eleição indireta de Tancredo Neves, descrita como uma "obra de muitas mãos" que encerrava formalmente a ditadura militar e abria caminho para a transição democrática. Seu texto oferece uma leitura granular sobre o alcance de uma vitória construída entre a pressão das ruas e a habilidade dos bastidores. Mais do que registrar um momento, Lafer antecipa um programa de transformação institucional que visava fundar uma era plural, tolerante e democrática.

Quarenta anos depois, Oscar Pilagallo, autor de um livro sobre o movimento das Diretas Já, retorna a esse instante com o olhar de um jornalista que sabe pesar promessas e frustrações, destacando tanto o potencial que se abriu quanto os limites que logo se impuseram.

Os dois artigos resgatam a gênese da Nova República e ajudam a compreender por que a democracia brasileira surgiu cercada por ambivalências que ainda persistem. O que estava em disputa era — e continua sendo — a possibilidade de um pacto duradouro entre representação política, responsabilidade institucional e justiça social.

Alcance e significado da vitória de Tancredo

CELSO LAFER 16 DE JANEIRO DE 1985

A consagração de Tancredo no Colégio Eleitoral resultou de uma articulação de forças político-partidárias instigada pela mobilização popular em prol das Diretas, liderada pelas oposições. É uma vitória histórica, pois marca o desfecho pacífico de uma etapa importante do processo de transformação do sistema político brasileiro.

Esse processo viu-se assinalado, na última década, por complexa interação entre governantes — que, para manterem o domínio, foram adaptando sua conduta às novas circunstâncias — e governados — que resistiram, pelos meios políticos ao seu alcance, ao exercício discricionário do poder de uma minoria. Porque é o desfecho desse processo, a vitória de Tancredo simboliza o fim do atual regime e aponta para a Nova República, através de uma eleição que é o produto acabado de uma admirável obra de engenharia política, construída pelo trabalho de muitas mãos.

Quais as características desse trabalho urdido coletivamente? Trata-se de um projeto cujo êxito foi facilitado pelas qualidades de Tancredo, que no correr da campanha que se desdobrou em dois planos — o do Colégio Eleitoral e o da sociedade brasileira — exercitou moderação combinada com vontade de transformação. Foi a persistência desse trabalho de muitas mãos que rompeu, no âmbito do próprio Colégio Eleitoral, a submissão às práticas autoritárias de 1964.

Com efeito, no regime de 1964 as eleições indiretas eram de natureza militar, e a escolha constituía ato de permanência, no poder, do chamado sistema. No dia 15 de janeiro, o Colégio Eleitoral, antes mero corpo homologatório, sacramentou a transformação do sistema político brasileiro. Isso foi o resultado de uma obra que refletiu a competência da articulação política e o vigor das aspirações do povo brasileiro, que asseguraram a vitória de um candidato civil e da oposição.

Essa vitória ensejará, com a posse de Tancredo, a alternância do poder lastreada em escolha que, embora formalizada em foro restrito, espelha inequivocamente os desejos da maioria da sociedade brasileira. Esse apoio majoritário confere ao mandato de Tancredo uma legítima representatividade que lhe permitirá iniciar a construção da Nova República. Nela estarão presentes os valores da tolerância, do pluralismo democrático, da convivência pacífica das diversas correntes e dos ideais de transformação da sociedade brasileira que sempre nortearam a sua trajetória política.

O anseio por uma Nova República exprime, em primeiro lugar, um não ao autoritarismo. No plano institucional, isso significa a substituição da atual Constituição, instrumento do arbítrio, por normas fundamentais que colocarão o poder a serviço do direito e da Justiça. Daí o imperativo da Constituinte, que estabelecerá quem está autorizado a tomar decisões coletivas e com quais procedimentos. Essa formalização das regras do jogo, no entanto, só será representativa se antes assegurados, plenamente, os direitos fundamentais da liberdade de associação, reunião e opinião — regras preliminares que permitem o desenvolvimento do jogo democrático. Esse aspecto das reformas constitucionais, de revisão do regime eleitoral e partidário, impõe-se desde já como condição para o encaminhamento da convocação da Constituinte.

Esse programa de transformação institucional não esgota o alcance do mandato de Tancredo, que abrange igualmente os anseios de mudança e a consequente responsabilidade pela gestão da sociedade brasileira, atingida pela crise econômica que agrava a social, provocada pela marginalização e pobreza de larga parcela da população. Como conduzir com representatividade e práticas democráticas, antes da nova Constituinte, a sociedade brasileira a partir de 15 de março de 1985?

O verbo "representar" e o substantivo "representação" aplicam-se a um campo amplo de práticas, que podem ser divididas em dois grandes leques de significados. O primeiro está ligado à reprodução de particularidades dos representados e conduz ao modelo de representação como espelho dos vários segmentos do corpo político. Quando Tancredo diz que governará com as forças que o elegeram, leva em conta o conjunto de apoios que legitimaram seu papel como um presidente representativo, no atual momento, das aspirações da sociedade brasileira. Isso, porém, não basta: governar é escolher.

E aqui entra o segundo leque de significados de "representar", ligado à ação exercida de acordo com determinados padrões de comportamento. Existem dois paradigmas de representação na ação: 1) a representação como uma relação de delegação, na qual o representante é um executor vinculado às instruções que recebe de seus representados; e 2) a representação como uma relação fiduciária — uma relação de confiança — na qual o trabalho do representante é visto como uma ação de razão e juízo, no âmbito de certos cânones de comportamento.

Esses paradigmas repercutem no entendimento do que se representa. A relação de delegação leva à representação de interesses específicos de categorias sociais. A relação fiduciária busca o interesse geral, que é sempre uma síntese mais ou menos duradoura dos problemas particulares e das diversas tendências presentes na sociedade. A coerência dessa síntese é um dos pressupostos da capacidade de governar.

A teoria democrática sempre considerou o representante um fiduciário que busca atender os interesses gerais. Esse seguramente é o entendimento de Tancredo. É o que ele diz ao afirmar que não abre mão de suas responsabilidades na escolha de seus colaboradores e nas decisões fundamentais do seu futuro governo. Evidentemente, na seleção de pessoas e programas ele considerará a representatividade de escolhidos e interesses. Não será, no entanto, mero porta-voz agindo por delegação vinculada das forças que o apoiam, mas sim um fiduciário, responsável último pela síntese integradora de sua proposta de governo.

Penso que tal proposta, na linha da trajetória pública que levou Tancredo à consagração, obedecerá à moderação aliada à vontade de transformação. Terá, como toda política válida, um impulso, uma força de aceleração, a conduzir a mudança, e um freio que impeça a vertiginosidade e garanta a governabilidade. O ponto de equilíbrio entre o freio e o impulso não repousa nas forças político-partidárias que o elegeram. Na lógica da relação fiduciária que caracteriza a representatividade de seu mandato, esta é uma responsabilidade do futuro presidente.

É claro que essa síntese não poderá estar desvinculada, antes mesmo da nova Constituição, de controles por parte da sociedade, pois é de natureza da democracia a existência de controles institucionalizados entre governantes e governados. Esses controles, entretanto, não se cifram em converter o mandato fiduciário de Tancredo em uma delegação em tudo dependente das forças partidárias que o sustentam, pois isso haveria de corroer a sua autoridade e o seu governo. Residem eles na pronta reformulação de outros aspectos do sistema político.

Entre eles, menciono: o restabelecimento das prerrogativas do Congresso; a autonomia do Judiciário; a desconcentração do poder pelo revigoramento da Federação; a desburocratização; o fim do abuso do decreto-lei; o desatrelamento dos sindicatos do aparato do Estado; o apoio à iniciativa privada; a revisão da lei de segurança nacional; um alto grau de publicidade nos assuntos públicos e sua adequada compreensibilidade para permitir a fiscalização do governo; a plena garantia de direitos como os da liberdade de imprensa, de associação, de reunião — que permitem a formação e a manifestação política da sociedade.

Esses tipos de controle deverão balizar a ação de Tancredo permitindo-lhe um trabalho autônomo de razão e juízo, a serviço da representatividade de sua interpretação dos interesses gerais. Essa interpretação, estou certo, terá como horizonte permanente a ampliação do controle da sociedade brasileira sobre seu próprio destino e haverá de conferir ao seu mandato presidencial um papel marcante na história do Brasil.

Celso Lafer foi ministro das Relações Exteriores (1992, 2001-2003) e do Desenvolvimento, Indústria e Comércio (1999), além de atuar como embaixador do Brasil nas Nações Unidas e na Organização Mundial do Comércio (OMC) em Genebra. Doutor em ciência política pela Universidade de Cornell, é professor emérito da Universidade de São Paulo (USP) e fundador do Centro Brasileiro de Relações Internacionais (Cebri). Também presidiu a Fundação de Amparo à Pesquisa do Estado de São Paulo (Fapesp). É membro da Academia Brasileira de Letras desde 2006.

Em suas obras, [illegible] enfocando [illegible] que os públicos e [illegible] que pudesse compreender [illegible] para [illegible] [illegible] [illegible] se dirimissem [illegible] da [illegible] [illegible] que [illegible] a formação [illegible].

Esses tipos de [illegible] fazer a ação[4]. [illegible] principalmente um trabalho [illegible] de cunho [illegible], [illegible] de representatividade de uma [illegible] dos interesses [illegible] [illegible] ampliação de [illegible] [illegible] [illegible] do Brasil.

---

[4] [illegible] Rio de Janeiro, [illegible] [illegible] [illegible] [illegible] [illegible] [illegible] [illegible] São Paulo [illegible] [illegible] [illegible].

Frustração em meio à transição democrática

OSCAR PILAGALLO

A eleição indireta de Tancredo Neves, em 15 de janeiro de 1985, representou uma guinada no sentimento da sociedade brasileira, da frustração absoluta para uma esperança comedida. Menos de um ano após a derrota da campanha das Diretas Já no Congresso, a população, em sua maioria, festejava o prenúncio do fim de mais de duas décadas de ditadura militar e se animava com a perspectiva de retorno à democracia.

O fator que viabilizou tal reviravolta foi a obra de engenharia política de Tancredo, mencionada por Celso Lafer no dia seguinte ao pleito no Colégio Eleitoral, quando o mineiro venceu com folga o candidato da situação, Paulo Maluf, por 480 a 180 votos. A proeza consistiu em transformar o vício da ambiguidade, de que era frequentemente acusado durante as Diretas Já, na virtude da articulação.

O projeto de Tancredo dependia de condições que só ele podia oferecer. Naquelas circunstâncias, uma candidatura exitosa teria que contar com o apoio de quase todas as correntes de oposição, o respaldo dos dissidentes governistas e, sobretudo, a confiança das Forças Armadas, que temiam o que, em sua perspectiva, seria uma retaliação, com o possível julgamento de militares, como acontecia na Argentina, recém-saída de uma ditadura.

O ex-governador de Minas Gerais transitava com desenvoltura em todos esses ambientes desde que, no início dos anos 1960, exercera o cargo de primeiro-ministro de João Goulart, durante o breve período de parlamentarismo no Brasil, uma solução negociada para viabilizar a posse do presidente, contestada pelos ministros militares. A moderação, com que buscava a equidistância entre posições antagônicas entre si, se revelaria o principal trunfo de sua campanha em 1984.

Considerando-se insubstituível para o cargo, e com boa dose de razão, Tancredo negligenciou a saúde, adiando uma intervenção médica para depois da posse, em 15 de março. Não teve tempo. Foi internado na véspera e morreria em 21 de abril, quando, após a interinidade, teve início o governo de seu vice, José Sarney, um político que fizera carreira à sombra dos militares e que, na última hora, se bandeou para a oposição. Pela segunda vez em um ano, a frustração dominava a sociedade.

Coube a Sarney a tarefa de preservar a costura política de Tancredo. Menos por opção, talvez, do que por falta de opção. O fato é que o maranhense egresso da Arena, o partido que dera sustentação à ditadura, não dispunha de legitimidade para trilhar um caminho próprio nos primórdios da redemocratização. Chegou a dizer que precisaria ser mais tancredista do que o próprio Tancredo, pois o presidente eleito teria autoridade moral para descumprir alguma promessa de campanha que se mostrasse inviável, enquanto, para ele, tal alternativa seria inaceitável.

Na frente econômica, o novo governo não teve sucesso. A elevada inflação herdada dos militares recrudescia a cada um dos novos planos, a começar pelo Cruzado, em 1986. No fim do mandato, em 1989, atingiu patamares de hiperinflação, o que minou a popularidade do presidente, um dos mais mal avaliados da história contemporânea do Brasil.

Sarney, no entanto, teve o mérito de evitar um retrocesso político, ameaça que pairava no ar devido ao descontentamento da ala militar identificada com a "linha dura" do regime anterior. Mais do que isso, no meio de seu mandato, em 1988, foi promulgada a "Constituição Cidadã", depois de intensos debates em que se destacou Ulysses Guimarães, presidente da Assembleia Nacional Constituinte. O deputado peemedebista, uma das mais brilhantes estrelas das Diretas Já, atuava como uma espécie de fiador do governo.

Ao projetar o que poderia ser a chamada Nova República, Lafer antecipou várias conquistas que seriam concretizadas no ciclo democrático que se iniciava. Só foi otimista (em uma avaliação em retrospecto) ao prever, entre outras conquistas, "a convivência pacífica das diversas correntes e dos ideais de transformação da sociedade brasileira". Quatro décadas mais tarde, o cenário de tolerância ainda não se materializou.

Oscar Pilagallo é jornalista, com passagens pela *Folha de S.Paulo* e BBC de Londres. Recebeu um Prêmio Esso em 1993. É autor, entre outros livros, de *A aventura do dinheiro* (Publifolha, 2000), *História da imprensa paulista* (Três Estrelas, 2012), que conquistou um Prêmio Jabuti, e *O girassol que nos tinge: uma história das Diretas Já, o maior movimento popular do Brasil* (Fósforo, 2023), finalista do Prêmio Jabuti.

FLORESTAN FERNANDES § ADILSON JOSÉ MOREIRA

Limites e avanços de um texto constitucional

O que pode uma Constituição? A pergunta que atravessa as reflexões do sociólogo Florestan Fernandes e do constitucionalista Adilson José Moreira é a mesma, mas as respostas não convergem.

Florestan interpreta a Constituição de 1988 como um produto da conciliação, marcada por limites impostos pelas elites à possibilidade de uma verdadeira democracia. Com contundência, expõe os arranjos que preservaram estruturas de poder e contiveram o alcance transformador do texto constitucional.

Já Moreira, escrevendo mais de três décadas depois, vê nesse mesmo documento um instrumento efetivo de mobilização jurídica e política por parte de grupos historicamente excluídos. Na sua visão, a Constituição é um campo fértil para o avanço da cidadania racial e da ação democrática. No contraste entre os textos, entre limites históricos e possibilidades políticas, a Constituição continua sendo cenário de confrontos simbólicos sobre o rumo da democracia.

A Constituição de 1988

FLORESTAN FERNANDES | 4 DE OUTUBRO DE 1988

A Constituição é fabricada pelos seres humanos. Carrega as suas marcas, as suas debilidades, as suas grandezas. Passei muito tempo examinando os passos que demos (e que deixamos de dar) e tentei descobrir como ela responde ao solo histórico e o nega. Das invenções humanas, ela é a mais complexa e sutil, mistificadora e hipócrita, verdadeira e cruel. Ostenta os rasgos utópicos — mesmo os que nascem para ser gestos e símbolos —, oculta os vínculos ideológicos — até os mais necessários — e dissimula a sua essência: o poder, na forma que ele é exercido por pessoas, instituições e formações sociais do topo. Ela também pode ser uma aventura, em vários sentidos, durar pouco ou muito. Na verdade, nascida da vontade coletiva de elites, classes ou nações, poderá viver ou morrer tão fácil e fragilmente quanto os seus inventores e portadores.

A Constituição de 1988 vem à luz com data marcada para sofrer uma revisão global, e ela contém mecanismos que remetem a revisões parciais seguidas e constantes. Foi posta sob um signo do precário, durante a sua elaboração e posteriormente. Ela não responde às exigências da situação histórica. Porém, parece melhor que não desperte grandes paixões e deixe em aberto um vasto campo à renovação e à atualização. Sufocada pelo poder do dinheiro; tisnada por uma hegemonia de classe, que nem sequer se deteve diante da mercantilização do voto; oprimida pelo arbítrio de uma "Nova República", que prolonga a ditadura por meio de seus métodos, de suas práticas políticas, militares e policiais; vergada pela corrupção, manejada pelo governo e pelo grande capital nacional e estrangeiro; incapaz de sustentar-se sobre um poder originário e soberano: ela veio para durar pouco e servir de elo ao aparecimento de uma Constituição mais democrática, popular e radical.

Sua principal missão consiste em limpar o terreno minado pela ditadura, prepará-lo para outro plantio, mais generoso e fértil. A ditadura, a "Nova República" e o bloco histórico no poder enredaram-se na "conciliação conservadora" e tentaram submetê-la, por fora e por dentro dela mesma, à "transição lenta, gradual e segura". Foi uma vitória dos constituintes "radicais" e de "esquerda" que isso não fosse levado até o fim e até o fundo. No entanto, as sementes reacionárias e conservadoras vingaram e tiveram a seu favor entidades parlamentares, como o "centrão", ou civis, como a UBE e a UDR.* A minoria remou contra a corrente. Mas tem muita força. O pêndulo balançou contra a democracia, contra a nação, e anulou todas as rupturas que deveriam ser desencadeadas pela Assembleia Nacional Constituinte e, depois, a pleno vapor pela própria Constituição.

Devemos falar disso com franqueza. Esses fatos não se contabilizam como uma derrota. Eles contam como uma vitória. A Constituição está aí, de pé — e não se afirma como uma peça homogeneamente conservadora, obscurantista ou reacionária. Ao revés, abre múltiplos caminhos, que conferem peso e voz ao trabalhador na sociedade civil e contém uma promessa clara de que, nos próximos anos, as reformas estruturais reprimidas serão soltas. A equação política que ela impõe a toda sociedade civil é óbvia:

* União Brasileira de Empresários (UBE) e União Democrática Ruralista (UDR). (*N. dos orgs.*)

os de cima terão de recorrer à violência institucional ou deverão aprender, por fim, a conviver com e a respeitar os de baixo. A Constituição armou estes últimos de liberdades individuais e coletivas ou de direitos sociais, e colocou em suas mãos meios legais de autodefesa e de contra-ataque. O nó da conciliação foi desatado e a luta de classes não ficará mais contida pela camisa de força do despotismo da ordem e daqueles que o monopolizavam.

A suposição não é catastrófica, pois não fixa a guerra civil para depois de amanhã. Mas os privilégios correrão um sério risco caso se mantenham insensíveis às iniquidades econômicas, culturais, sociais e políticas de uma sociedade deformada e desumana. Os de baixo poderão ousar, desobedecer, tomar consciência social de sua privação de humanidade, empregar a violência para atingir seus fins (como sempre timbraram em fazer os de cima). Ganharam empuxo para deslanchar, afirmaram-se como agentes históricos de negação da ordem e de fiadores de uma causa própria, de um movimento de transformação social da sociedade existente. O vir a ser também toma conta de suas cabeças e penetra fundo em suas ações coletivas de classe e de solidariedade de classe.

Portanto, a Constituição desigual, heterogênea, que chamei de colcha de retalhos, formula um desafio. Sem ser uma promessa de revolução — nem sequer dentro da ordem: a revolução que a burguesia deveria ter realizado —, ela repõe a ameaça aos privilegiados. Sem perder nenhuma regalia, eles assistem horrorizados à rotinização de liberdades individuais e coletivas ou de direitos sociais e à universalização do acesso a meios legais que a exclusividade convertia em fonte de odioso despotismo. Emerge do contexto histórico, de fora da Constituição, uma quebra de pequenas bastilhas encadeadas, que faziam do Brasil uma colossal bastilha.

O nosso futuro próximo depende, pois, de acontecimentos fortuitos. A predisposição para o golpe branco alimenta uma selva daninha: por que esperar cinco anos? Depois desse tempo, não surgirão pressões ainda mais fortes para imprimir um recorte democrático profundo à Carta constitucional? E 1988 confronta com 1934. A Constituição representa um bom pretexto para uma defesa reacionária intransigente da ordem, um incentivo incoercível à contrarrevolução. Se nada suceder, a promessa democrática passará a ser uma realidade. Se o passado está morto, o futuro pertence à massa mais pobre e espoliada dos cidadãos!

Essas cogitações não suscitam elucubrações equivocadas. O observador atento poderá constatar como se acumulam no horizonte nuvens que indicam tempestade. Os trabalhadores das cidades e da terra, os estratos mais castigados da pequena burguesia e das classes médias precisam mobilizar-se. Não para erigirem a Constituição em um falso escudo protetor. Mas para exigir que ela não seja letra morta, primeiro; e para assinalar, em seguida, os rumos do seu aperfeiçoamento.

A Constituição, mesmo que seja muito boa e quase perfeita (o que está longe de ocorrer com a que nos coube), não vale em si e por si. Os de cima, no Brasil, nunca precisaram mobilizar-se para tornar a Constituição efetiva. Eles dispõem do arbítrio e o empregam *ad libitum*, como bons autocratas que são. Os de baixo não são (nem nunca foram) socializados cultural, legal e politicamente para utilizar a Constituição. Não dispõem, como diriam os sociólogos, dos requisitos psicossociais e socioculturais que alimentem o hábito de aplicar defensiva e ofensivamente as normas constitucionais. É preciso despertar a cultura cívica e associar a vida social cotidiana à formação de uma consciência de classe crítica e autoemancipadora. Essa é a via para extinguir-se a tutela militar, os golpes de Estado e a autocracia burguesa.

A Constituição só é um recurso para atingir tal objetivo quando ela se converte em valor e quando se insere no quadro real das lutas políticas da maioria para conquistar liberdade com igualdade.

Só em semelhante contexto 1934, 1946 ou 1988 deixarão de provocar paralelos melancólicos, que fazem prever acontecimentos indesejáveis.

Florestan Fernandes é considerado um dos principais pensadores das ciências sociais no Brasil. Foi professor da Universidade de São Paulo (USP) e, no exílio, pesquisador ou professor na Universidade Columbia, Universidade de Toronto e Universidade de Yale. Sua obra abrange temas como desigualdade e cultura política. Também atuou como deputado federal (1987-1995). Recebeu o Prêmio Jabuti em 1964 pelo livro *Corpo e alma do Brasil* (Difel) e foi colunista da *Folha de S.Paulo* de 1989 a 1995, ano em que morreu.

Constituição de 1988: uma visão dos subalternizados

ADILSON JOSÉ MOREIRA

A promulgação do nosso atual texto constitucional despertou inquietações significativas em muitos intelectuais brasileiros. Figuras proeminentes como Florestan Fernandes afirmavam que a Constituição dificilmente cumpriria a sua função de operar como base de um novo contrato social que poderia ser o ponto de partida para a construção de uma verdadeira democracia.

Essa preocupação desconsidera alguns aspectos da forma como constituições operam dentro da realidade social. Muitos as classificam como instrumentos legais que cumprem uma pluralidade de funções em uma democracia. Elas estabelecem parâmetros para o regramento do poder político — entre eles, os princípios que controlam a operação interna das instituições governamentais, as relações entre os diversos poderes estatais, as maneiras como eles devem contribuir para a realização de direitos fundamentais, além de estabelecer critérios para a interação entre a sociedade civil e o poder público. Essa posição está baseada na premissa segundo a qual constituições expressam um consenso entre atores racionais sobre como a sociedade deve ser organizada. Essa racionalidade é o motivo pelo qual o regime democrático pode ser instituído e perdurar.

Muitos constitucionalistas problematizam essa perspectiva. Eles argumentam que textos constitucionais são formados a partir das previsões feitas por grupos sociais sobre a possibilidade desse documento jurídico possibilitar a defesa de seus interesses. Isso ocorre especialmente por meio de mecanismos que permitem a influência deles sobre a operação de instituições governamentais, condição para a manutenção ou para a transformação do seu status social. Por esse motivo, análises de textos constitucionais devem ser feitas a partir do embate entre segmentos que procuram instituir formas de regulação política que podem ser compatíveis ou não com princípios republicanos.

A Constituição de 1988 marcou um ponto de inflexão no constitucionalismo brasileiro em um aspecto central: a participação significativa de diferentes setores da sociedade civil na sua formulação. Os processos constituintes anteriores permitiram a formação de tipos de governança que tinham como propósito a reprodução do poder dos grupos que sempre dominaram nossa vida política; normas constitucionais e práticas institucionais abriam espaço para a construção de uma ordem social baseada na restrição de acesso ao poder por grupos subalternizados. O atual texto constitucional abre espaço para modos de governança democrática, o que tem permitido a contestação de estratégias de dominação política e de práticas sociais excludentes.

Observamos hoje uma série de conflitos entre grupos que procuram universalizar projetos de governança social. Muitos desses projetos, no entanto, não correspondem a ideais democráticos, um traço característico da história constitucional brasileira. Alguns defendem programas políticos que perpetuam processos de estratificação a partir de certos marcadores sociais; outros defendem meios para impedir a continuidade de uma realidade política construída em torno da subalternização de certas coletividades.

O exemplo mais notório e estrutural desse embate gira em torno da disputa pela prevalência de dois projetos raciais distintos. Um defende políticas racialmente neutras como forma de justiça em uma sociedade estruturalmente racista; o outro afirma a necessidade de implementação e expansão de medidas racialmente inclusivas para que negros e indígenas possam ter condições materiais mínimas para uma existência digna.

O nosso texto constitucional tem permitido o avanço de uma governança racial democrática. A instituição de objetivos progressistas para o nosso sistema político, a presença de um extenso catálogo de direitos fundamentais e de remédios constitucionais diversos e a expansão da jurisdição constitucional são instrumentos capazes de promover transformação social. Esses fatores abrem espaço para a construção de estratégias de ação que têm sido efetivamente utilizadas por lideranças sociais para garantir o avanço de diferentes dimensões da cidadania no Brasil.

Textos constitucionais instituem referências para a mobilização social, motivo pelo qual eles devem ser examinados dentro do contexto no qual estão inseridos. A vida política pode abrir ou fechar a possibilidade de construção de uma democracia substantiva na medida em que certos projetos de governança adquirem proeminência sobre outros. Assim, os valores que regulam a vida política e cultural de uma sociedade criam os meios para que o aspecto protetivo dos textos constitucionais seja expandido ou restringido. A Constituição de 1988 abriu um novo momento histórico ao criar mecanismos participativos e inclusivos; resta agora lutarmos para que o consenso republicano que permitiu seu surgimento seja mantido.

Adilson José Moreira é professor na Fundação Getulio Vargas (FGV Direito SP). Com doutorado e mestrado em direito pela Universidade de Harvard e pós-doutorado na Universidade da Califórnia, Berkeley, foi pesquisador visitante na Faculdade de Direito da Universidade de Yale e professor visitante na Universidade de Stanford. Especialista em direito constitucional e direito antidiscriminatório, é autor de várias obras, entre elas *Racismo recreativo* (2019, Pólen Livros), *Tratado de direito antidiscriminatório* (2020, Contracorrente) e *Pensando como um negro: ensaio de hermenêutica jurídica* (2019, Contracorrente), finalista do Prêmio Jabuti.

JOSÉ SARNEY § ANA ESTELA DE SOUSA PINTO

Sarney e a fome

Publicado em 1998, o artigo de José Sarney denunciou, com indignação, a persistência da fome no Nordeste e alertou para a omissão histórica das elites brasileiras. Escrito por um ex-presidente da República, cuja função implicava responsabilidade direta sobre o combate à fome, o texto misturou memória pessoal e crítica social.

A jornalista Ana Estela de Sousa Pinto reconstitui o percurso das políticas públicas de combate à fome no Brasil, incluindo as do próprio Sarney — e suas limitações. Ao confrontar os dois textos, encontramos uma linha de continuidade: a dificuldade do Estado brasileiro em transformar indignação em política duradoura. A fome permanece — e a responsabilidade também.

A maldição da fome

JOSÉ SARNEY

1º DE MAIO 1998

A fome não é um problema, é uma indignidade contra o homem. Não é uma responsabilidade do indivíduo que não tem o que comer, é uma torpeza da sociedade que se torna incapaz de alimentar quem vai morrer por falta de comida. A fome que choca o mundo, em crises intermitentes, nos países subsaarianos é uma mancha para a humanidade. A imagem da *Mater dolorosa*, com o filho morrendo esquálido no seu colo, até hoje sangra o coração do mundo.

Essa cena não pode acontecer no Brasil. A grande escapatória que até hoje segura as elites brasileiras para escamotear o problema do Nordeste é afirmar que os recursos para ali remetidos são desviados. Então, em vez de punir, fiscalizar e aplicar honestamente os meios, os tecnocratas usam esse argumento espúrio para postergar a solução dessa tragédia.

É impossível pensar, aceitar ou conformar-se que um país, a oitava economia do mundo, que fabrica tudo, que tem um Produto Interno Bruto de US$ 800 bilhões, seja incapaz de combater a fome endêmica que se alastra no Nordeste, mais uma vez castigado por uma das maiores secas do século. Perdeu-se tudo, até a esperança de chover, a última que morre nas áridas caatingas.

Minha infância eu passei ouvindo as histórias dramáticas da seca, filho que sou de mãe pernambucana, de avós paraibanos emigrados para os vales úmidos do Maranhão. E sinto uma dor profunda — a palavra é dor! — quando vejo que a nossa geração foi incapaz de banir esse problema. Não o da seca, mas o da fome. No Saara não chove, mas ninguém morre de fome porque não tem gente. No Nordeste não, ali moram 30 milhões de brasileiros. Então a seca deixa de ser um fenômeno meteorológico para ser um fenômeno social.

Nas Nações Unidas, em 1985, denunciei o problema da fome, ressaltando que a paz não era somente a ausência de guerra, mas ela não existia para o espírito humano enquanto existisse uma boca faminta em qualquer lugar da Terra, uma criança morrendo sem leite, um ser humano agonizando por falta de um pouco de pão — pão como sinônimo de comida. Os alimentos não podem ser apenas mercadorias especulativas. A humanidade, que foi capaz de romper as fronteiras da gravidade e marchar para o cosmo, foi incapaz de extirpar a fome do planeta.

Com a televisão, os relatos que eram contados nos romances de cordel entram em nossos olhos com toda a dramaticidade da miséria. Vem o saque, vem a exploração política, vem a demagogia, condenáveis. Mas essa condenação não pode ser motivo para não colocar esse problema como o mais grave e humano de todos.

Pobre Nordeste de um povo andarilho e sofredor. Não há justificativa para o Brasil não extirpar a fome que ali se espalha. Que a solidariedade substitua a vergonha de vê-lo comendo os espinhos dos cactos que alimentam o gado.

José Sarney foi presidente da República entre 1985 e 1990, tornando-se o primeiro civil a ocupar o cargo após a ditadura militar. Também exerceu os cargos de senador (1971-1985, 1991-2015) e governador do Maranhão (1966-1970). Autor de romances como *O dono do mar* (1995) e *Saraminda* (2000), ambos lançados pela Leya, é membro da Academia Brasileira de Letras desde 1980.

Apesar de avanços, a fome perdura no Brasil

ANA ESTELA DE SOUSA PINTO

Enquanto o infante José Sarney ouvia de seus pais e avós histórias dramáticas da seca, surgia no Brasil a primeira política federal de combate à fome. Gestado em 1939 pela ditadura de Getúlio Vargas, o Serviço de Alimentação da Previdência Social (SAPS) queria "melhorar a alimentação do trabalhador e, consequentemente, sua resistência orgânica e capacidade de trabalho".

Nas décadas seguintes, as ações passaram por ensinar nutrição nas escolas e fabricar alimentos enriquecidos com proteínas, sem grandes avanços na redução da tragédia. Em 1974, o Estudo Nacional de Despesa Familiar (ENDEF), do Instituto Brasileiro de Geografia e Estatística (IBGE), deixou claro que era muito pouca a comida que chegava aos pratos dos brasileiros. Um terço da população consumia menos calorias que o necessário. O retrato devastador levou à ampliação da merenda escolar e ao embrião da Companhia Nacional de Abastecimento (Conab), criada para concentrar as compras de alimentos de todas as ações governamentais de nutrição.

A estratégia de distribuição de alimentos foi mantida por Sarney quando ele se tornou o primeiro presidente da redemocratização (1985-1990). Entregavam-se cestas básicas para os vulneráveis, no campo e nas cidades, e dava-se leite a crianças e mulheres grávidas pobres. A fome e a desnutrição, porém, foram agravadas pelo mais sério inimigo do poder de compra dos pobres: uma inflação galopante, que passou de 242% anuais em 1985 para quase 2.000% em 1990. No acumulado da gestão Sarney, a alta de preços superou os 25.000%.

Três anos depois, em 1993, um quinto de todos os brasileiros vivia em situação de insegurança alimentar grave, mostrou o Mapa da Fome, elaborado por solicitação do sociólogo Herbert de Souza, o Betinho, que nesse mesmo ano lançou a campanha Natal sem Fome.

O tema entrou com força na pauta nacional e balizou a criação, em 1995, de programas sociais como o Comunidade Solidária, alicerçado na mobilização da sociedade civil. Em 1997 e 1998, surgiram o Bolsa Escola e o Bolsa-Alimentação, precursores do Bolsa Família.

O mais eficiente programa do período, porém, foi o Plano Real, lançado em 1994, no governo Fernando Henrique: a inflação baixou para 22% ao ano em 1995 e despencou a menos de 2% em 1998. Mais de 8 milhões de brasileiros deixaram a condição de indigentes de 1990 a 1999, e outros 10 milhões saíram da pobreza.

Se habitantes do Nordeste ainda se viam forçados a "comer os espinhos dos cactos que alimentam o gado" em 1998 — quando a coluna de Sarney foi publicada na *Folha* —, o cenário mais amplo de combate à miséria e à fome era certamente diferente do que se via na década anterior.

O ex-presidente se queixa em seu texto de que uma "elite" desassistia os famintos sob a desculpa de que os programas de socorro estavam corrompidos por fraudes e desvio — foram várias as denúncias de superfaturamento e uso político de alimentos como moeda eleitoral.

Em vez de encerrar as ações, defende ele, a solução deveria ser "fiscalizar, punir e aplicar honestamente os meios". Mas, no final dos anos 1990, não faria sentido retomar políticas implantadas no governo Sarney. As evidências mostravam o que é hoje consenso entre cientistas: dar aos vulneráveis renda — ou poder de compra — é mais eficiente que distribuir comida.

Já se vão quase trinta anos desde a coluna de Sarney e, não obstante a inflação controlada e programas sociais reconhecidos globalmente, como o Bolsa Família, a fome perdura no Brasil. Mais que isso, à desnutrição se soma uma epidemia de obesidade que corrói a saúde dos mais pobres, impulsionada pelo consumo de ultraprocessados. Espalham-se pelo país aquilo que o Ministério do Desenvolvimento e Assistência Social, Família e Combate à Fome (MDS) e a Universidade Federal de São Carlos (UFSCar) chamaram de pântanos e desertos nutricionais: áreas em que é preciso andar mais de vinte minutos para alcançar uma fruta, um legume.

Na visão da economista Laura Müller Machado, uma das principais especialistas do país em políticas públicas de combate à fome e à miséria, para sair desse atoleiro, o Brasil precisaria retomar um desafio lançado por Betinho nos anos 1990: "Vá ao seu quarteirão, pergunte quem tem fome e dê um prato de comida."

Nos anos 2020, porém, nos quais uma rede de Centros de Referência de Assistência Social (Cras) já está estabelecida em todo o país, quem tem que sair às ruas para ouvir os vizinhos é o governo. "É botar os assistentes sociais para ir aos territórios perguntando quem sofre com a fome e cadastrar essas pessoas", diz Laura. Falta também que o cadastramento seja ágil e flexível, pois famílias entram em situação de necessidade e saem dela todos os dias.

Feito isso, será possível acabar com a fome no Brasil? "Num estalo de dedos", responde a economista.

Ana Estela de Sousa Pinto é editora de economia da *Folha de S.Paulo*. No jornal desde 1988, já foi editora-chefe da *Folha da Tarde*, editora de Fotografia e dos cadernos regionais e correspondente na Europa. Coordenou o Programa de Treinamento da Folha por quinze anos. É autora dos livros *Jornalismo diário*, *A vaga é sua* e *Folha explica Folha*, todos publicados pela Publifolha.

FERNANDO COLLOR § FÁBIO ZANINI

Collor e o impeachment

Em 1993, um ano após deixar a Presidência da República, Fernando Collor assinou uma reflexão intensa e pessoal sobre os desafios enfrentados em seu governo e as forças que o afastaram do poder. Com um tom de indignação, Collor defendeu seu projeto de modernização do Estado e lembrou medidas que hoje fazem parte do debate público, como a abertura econômica e a reforma da administração pública.

Mais de três décadas depois, o jornalista Fábio Zanini apresenta uma reflexão crítica desse relato, contextualizando dados, apontando silêncios e contrapondo narrativas. A leitura conjunta dos textos mostra como o impeachment de 1992 abriu um novo capítulo institucional na Nova República, cujos efeitos ainda moldam a política nacional.

Pois é, pra quê?

FERNANDO COLLOR — 26 DE SETEMBRO DE 1993

Há um ano eu era afastado da Presidência da República, sem que ficasse provada a existência sequer de um ato meu de governo que configurasse o atendimento a interesses escusos. Fui condenado porque previamente já o havia sido pelos que se uniram com o objetivo único de chegar ao poder.

Alcançada a meta, em menos de um mês retiravam do mastro a bandeira da moralidade então desfraldada para iludir a opinião pública.

A guerra por cargos e por fatias do Orçamento, que até hoje frequenta nosso cotidiano, tornou patente o real motivo do meu afastamento. A população não tardou a reagir às cenas de fisiologismo exacerbado que lhe eram exibidas. Pois é, eles queriam o poder. Para quê?

O enorme sacrifício para chegarmos ao acordo na negociação externa, para reduzir a dívida pública de US$ 90 bilhões para US$ 50 bilhões e o déficit de 9% do PIB para 4% em pouco tempo foi esquecido.

Aumentaram-se as despesas da administração, inchando o número de ministérios para atender às dívidas políticas contraídas na fase do impeachment. Encontrei uma folha de pagamentos dos servidores de US$ 2,5 bilhões; deixei a folha com US$ 1,5 bilhão.

A folha total de salários das estatais federais, que em 1989 chegara ao recorde de equivaler a 3,5% do PIB, foi reduzida no meu primeiro ano de governo ao equivalente a 2,2%, e entre 1991 e 1992 estabilizou-se em 2,1% do PIB. No entanto, já em 3 de junho último, projeções da Seplan* indicavam que os gastos com salários em 1993 somariam US$ 14 bilhões, voltando à marca de 1989 (3,5% do PIB).

No primeiro semestre deste ano, o Banco do Brasil gastou US$ 2,6 bilhões com pessoal, despesas duas vezes maiores do que as realizadas no primeiro semestre de 1992.

Hoje, o ministro da Fazenda faz suas as minhas palavras: o desequilíbrio nas contas públicas é o responsável pela inflação, pela fome e pela miséria. A população, perplexa, paga a conta das contramarchas sem entender por quê.

Curioso é que, quando de Nova York ainda negava a ida para a pasta que atualmente ocupa, o então chanceler declarou à imprensa: "Acho que o Brasil já passou pelas reformas que todo mundo ansiava e ninguém percebeu. Aprovamos a lei dos portos, a lei das patentes está quase pronta, a economia que era fechada se abriu, a privatização avança e não vai parar."

Agradeço ao ministro o reconhecimento dos meus esforços, e considero natural a omissão da autoria.

Há forte consenso da sociedade de que reduzir o tamanho do Estado, tornando-o mais eficiente, portanto atento às suas atribuições no campo social, é básico para a estabilização da economia. Mas quando encaminhei ao Congresso um conjunto abrangente de medidas reformadoras chamadas "emendão", houve forte reação. Hoje, as propostas contidas naquele documento são consideradas temas prioritários na revisão constitucional — alterações no critério de aposentadoria por tempo de serviço, novas formas de

* Secretaria de Planejamento (Seplan) (*N. dos orgs.*).

financiamento para a Previdência Social e a questão da estabilidade do funcionalismo —, mas na época eram tidos como intocáveis.

Para ganhar consistência, a reforma administrativa a que eu tinha dado início demandava a rediscussão daqueles temas. Os opositores me acusaram de querer desmantelar a máquina do Estado. O corporativismo me elegeu o inimigo número um. Para quê?

O processo de abertura da economia que promovi levou a oposição a prever um iminente sucateamento do parque industrial brasileiro. Ao contrário do que previram, batemos recordes no resultado de nossa balança comercial, bem como de nossas reservas internacionais. A poderosa Fiesp,* que tanto resistiu ao meu governo, assim declarava à imprensa em 18 de junho último, diante do aumento real das vendas: "É crescimento mesmo, nada de bolha de consumo. Isso ocorre em um momento em que as empresas industriais estão saudáveis como nunca estiveram em termos operacionais. A principal evidência é a expansão da produtividade" (Boris Tabacof, diretor do departamento de economia).

O chefe do departamento de economia da CNI,** Marco Guarita, acrescentou: "A pressão da recessão e da abertura às importações está levando as indústrias brasileiras a um processo de civilidade, de expansão da eficiência nas linhas de produção em relação aos padrões mundiais." O economista Antônio Lanzana, da Universidade de São Paulo, examinando a indústria paulista, concluiu: "Na média, a relação produto por empregado cresceu 12% em 1992 em relação a 1990."

Mas queriam o poder. A política de abertura do meu governo incomodava os cartéis. Pesquisa do Sindicato da Construção Civil de São Paulo mostrou que o preço médio do cimento nacional foi de US$ 140 por tonelada em abril deste ano, tendo-se mantido estável em 1992, apesar da crise que atingiu o setor. O produto

* Federação das Indústrias do Estado de São Paulo (Fiesp) (*N. dos orgs.*).
** Confederação Nacional da Indústria (CNI) (*N. dos orgs.*).

importado chegou ao Brasil por US$ 103 a tonelada, depois de pagos os impostos, o que representou ganho expressivo para as empresas do setor. Considerando que o cimento no exterior chega a ser vendido em alguns países por US$ 55, a cartelização onera em até 200% o consumidor brasileiro.

Extingui o Funrural,* cabide de empregos e de irregularidades que deixava o trabalhador do campo à mercê das benesses do "capo" que em seu município representava a Previdência. O recadastramento e a revisão de benefícios que se seguiram à extinção do Funrural, iniciada pelo meu governo, permitiram o cancelamento de 294.247 aposentadorias, com economia de despesas de bilhões de cruzeiros.

Encontrei uma inflação em torno de 90% ao mês, em um regime de preços controlados. Deixei que o mercado agisse livremente, instituindo as câmaras setoriais para negociar acordos. Na indústria automobilística, por exemplo, o acordo feito por meio desse mecanismo permitiu a redução do preço dos veículos. A produção alcançou recordes. Agora, volta-se ao Fusca e recria-se um instrumento obsoleto como a Sunab** para controlar abusos, apesar de ser mais do que evidente que não há fiscais que deem conta dessa incomensurável tarefa.

Com tudo isso, foi o retrocesso na questão dos direitos humanos o preço mais alto pago pela sociedade brasileira depois da minha saída.

Carandiru, Candelária, Vigário Geral, ianomâmis, as tragédias falam por si. O povo, assustado, pergunta por quê. Torço para que os que tomaram o poder cheguem a um entendimento capaz

---

* O Fundo de Assistência e Previdência do Trabalhador Rural (Funrural) foi instituído em 1963 pelo presidente João Goulart (*N. dos orgs.*).

** A Superintendência Nacional de Abastecimento (Sunab) foi um órgão do governo federal brasileiro criado para controlar preços e fiscalizar o abastecimento de bens essenciais, especialmente em momentos de crise inflacionária (*N. dos orgs.*).

de permitir a resolução dos gravíssimos problemas que enfrentamos. Cerceado em minha cidadania, resisto. Luto por ideias. Com a consciência tranquila e a certeza do dever cumprido, aguardo pela justiça dos homens.

Fernando Collor de Mello foi presidente da República (1990-1992) e senador (2007-2023). Anteriormente exerceu funções como governador de Alagoas (1987-1989), deputado federal (1983-1987) e prefeito de Maceió (1979-1982).

Discurso da vítima

FÁBIO ZANINI

Fernando Collor de Mello venceu a eleição presidencial de 1989 com a dupla promessa de combater os privilégios da elite, simbolizada em sua "caça aos marajás", e de fazer reformas na economia, que vivia um processo de hiperinflação.

Em artigo para a *Folha de S.Paulo* um ano depois de sofrer impeachment, ele tenta propagar a visão de que foi vítima de uma reação nas duas frentes. Diz ter sido derrubado por uma vingança das elites que jurou combater e pela resistência de empresários e trabalhadores às reformas que quis implementar.

O ex-presidente passa ao largo das provas de um esquema de corrupção e tráfico de influência comandado pelo ex-tesoureiro Paulo César Farias, e ignora completamente o desastre econômico do confisco da poupança, sua cartada para domar a alta de preços.

Em um trecho que se revelaria profético, menciona "a guerra por fatias do Orçamento", que gera "fisiologismo exacerbado", em uma referência aos parlamentares que o afastaram. Apenas vinte dias depois de publicar o artigo, em outubro de 1993, eclodiria o escândalo dos anões do Orçamento, que atingiu em cheio alguns dos seus algozes.

Fiel a seu estilo, o ex-presidente despeja números no artigo para demonstrar que buscou reformar o Estado pela via liberal. Cita dados sobre redução na folha de pagamento de servidores, economia com gastos de aposentados e até o preço do cimento. Afirma que pegou o país com uma inflação de 90% ao mês, em um regime de preços controlados, e que deixou que o mercado agisse livremente. Mas não menciona que, ao sofrer impeachment, os preços subiam ao ritmo de 25% ao mês, com taxa, naquele ano, de 1.158%. Já o PIB caiu 4% durante seu governo, outro dado omitido.

Ainda assim, o ex-presidente tenta a todo momento reforçar suas credenciais inovadoras, bem ao estilo da imagem jovem e dinâmica que procurava projetar. A história lhe deu algum alento em anos seguintes, já que grande parte das teses que ele defendia, consideradas radicais à época, tornaram-se parte do discurso macroeconômico aceitável ao longo do tempo. Questões como reforma da aposentadoria, fim da estabilidade do funcionalismo público e abertura econômica seguem na pauta do dia décadas depois.

Franco-atirador, Collor investe contra trabalhadores, cujo corporativismo "me elegeu inimigo número 1" e a Federação das Indústrias do Estado de São Paulo (Fiesp), "que tanto resistiu ao meu governo".

Para o sucessor e seu ex-vice, Itamar Franco, ele reserva maldisfarçado desprezo, lembrando-se da volta do Fusca e de um "instrumento obsoleto como a Sunab" e seus fiscais, marca do Plano Cruzado, do governo de José Sarney. Estabelece assim o contraste de sua modernidade com o atraso do governo que o substituiu.

Já Fernando Henrique Cardoso, que tinha assumido o Ministério da Fazenda e estava na fase de preparação do Plano Real, merece uma alfinetada, por estar supostamente dando prosseguimento a ações econômicas de Collor. "Agradeço ao ministro o reconhecimento dos meus esforços e considero natural a omissão da autoria", escreve.

Mais surpreendente, no final do texto, é a conversão de Collor em um improvável defensor dos direitos humanos, tema que jamais figurou no topo de sua agenda. O retrocesso na área, diz ele, foi "o preço mais alto pago pela sociedade brasileira depois de minha saída", enumerando a seguir chacinas e massacres como os do Carandiru, Candelária e outros, ocorridos logo após sua saída do poder. Não consta de seu breve mandato, no entanto, nenhuma grande iniciativa na área, nem mesmo a criação de uma estrutura dedicada à proteção de direitos, o que ocorreria apenas na gestão FHC.

Mas não é difícil entender o motivo da referência. Collor busca uma relação inexistente entre a perseguição aos direitos humanos de excluídos da sociedade e a suposta violência do processo de impeachment que ele sofreu.

"Com a consciência tranquila e a certeza do dever cumprido, aguardo pela justiça dos homens", escreve. Faltou pouco para se autodefinir como um "descamisado, um pé descalço", a quem se referia enquanto presidente.

Fábio Zanini é jornalista formado pela Universidade de São Paulo (USP) e mestre em relações internacionais pela School of Oriental and African Studies (SOAS), da Universidade de Londres. Foi correspondente da *Folha de S.Paulo* em Londres e Joanesburgo, além de ter sido editor de política e de internacional. Atualmente, é editor da coluna Painel, que traz notícias e bastidores da política. É autor do livro *Euforia e fracasso do Brasil grande* (2017, Contexto).

ITAMAR FRANCO § ADRIANA FERNANDES

Itamar é Real

Quando o artigo do presidente Itamar Franco foi publicado, em 1º de julho de 1994, o Real estava sendo oficialmente lançado em todo o país. Ainda não havia passado pelo teste das ruas, mas já carregava consigo uma promessa ambiciosa: não apenas conter a hiperinflação, mas inaugurar uma nova fase de desenvolvimento social e estabilidade institucional.

Trinta anos depois, a jornalista Adriana Fernandes revisita aquele momento para revelar os bastidores técnicos, as tensões políticas no Planalto e os riscos envolvidos na construção do plano. A estabilidade monetária proporcionada pelo real se consolidou como um dos pilares da democracia brasileira e segue sendo, até hoje, uma de suas provas de fogo.

Opinião

Estabilidade para o Brasil

ITAMAR FRANCO

1º DE JULHO DE 1994

Nesta sexta-feira, os brasileiros começam a trocar os trinta anos de inflação pela oportunidade de um futuro de ansiada estabilidade. Ao entrar nas agências para transformar seus cruzeiros reais em reais, cada cidadão vai estar fazendo muito mais do que uma simples operação bancária. É toda uma cultura de inflação que começa a cair por terra. O próprio ato da troca da moeda — a maior operação desse porte de que se tem notícia desde a invenção do dinheiro — assume neste momento a condição de uma grande renovação nacional. Mesmo no anonimato, sem saber, quem estiver trocando seu dinheiro estará dando com o Brasil um passo decisivo para mudar definitivamente o nosso modelo de desenvolvimento econômico e social e dar ênfase, como se deve, à redistribuição de renda e à melhoria dos indicadores sociais brasileiros.

O real chega para coroar um processo de transformação da economia brasileira chamado Plano Real. Como alguns dos planos anteriores, o Plano Real veio atender um reclamo da sociedade brasileira e da maioria dos seus agentes econômicos em favor de uma política econômica que acabasse com os altos índices da inflação e permitisse a retomada sustentada dos investimentos produtivos e a geração de empregos, provavelmente a maior prioridade do nosso povo. Mas as semelhanças param por aí.

Ao contrário de outros planos anteriores, o Plano Real preparou cuidadosamente a troca da moeda. Todos se lembram de como, em outras ocasiões, a nova moeda — sempre à base de um corte de três zeros — era apenas uma entre as muitas medidas que constituíam os planos e que eram anunciadas em meio a uma grande confusão, a muita perplexidade e por vezes desagradável surpresa. A ideia de choque era mesmo a que melhor descrevia aquelas iniciativas. No real, não. Tudo foi preparado, anunciado e implementado gradativamente, dando-nos tempo para avaliar o impacto das medidas e as reações. E para fazer as correções necessárias.

Em meses de trabalho, que muitas vezes geraram até certa angústia por resultados que demoravam a chegar — para que pudessem ser duradouros —, construímos e desenvolvemos as condições fundamentais para pôr o plano em marcha. Reestruturamos as finanças públicas. Equilibramos o Orçamento para 1994 e 1995, com o Fundo Social de Emergência. Resolvemos a questão da dívida externa e normalizamos as nossas relações financeiras internacionais. Acumulamos níveis sem precedentes de reservas. Reduzimos os indexadores a um indexador único para todos os preços e tarifas, a URV,* passo fundamental para poder extinguir a indexação automática e restabelecer a relatividade entre os preços da economia. Nesse processo, tivemos ampla participação do Congresso e discutimos o plano com a sociedade, por meio da imprensa e de contatos diretos com partidos, representações sindicais e lideranças civis.

Além disso, temos a maior safra agrícola da nossa história, a economia tem um grau de abertura adequado para permitir maior competitividade no mercado interno brasileiro e estamos

---

* A Unidade Real de Valor (URV) foi um indexador criado durante a elaboração do Plano Real, em 1994, como parte da estratégia para estabilizar a economia brasileira e controlar a hiperinflação (*N. dos orgs.*).

crescendo moderadamente, com possibilidade de ampliar a produção sem bater nos limites da nossa capacidade.

Com essas condições básicas preenchidas, estamos lançando uma moeda forte. Sua força não decorre de um ato de vontade política ou de uma crença cega no acerto das outras medidas. Ela vem da realidade de normas rígidas de emissão e de lastro, do controle dos gastos públicos e do equilíbrio fiscal. Vem também da determinação do governo de levar o plano de forma coesa, apostando forte na estabilidade como a mais importante contribuição que poderemos dar para a retomada sustentada do desenvolvimento brasileiro.

O real chega finalmente para dar forma concreta e tangível à estabilidade que estamos construindo. O Brasil não podia esperar mais. E esse clima de estabilidade que começa a conquistar o país acabará por se instalar em toda sociedade e por permear as relações entre os agentes econômicos. Quem se opuser a essa tendência em nome de um ganho fácil vai acabar se colocando contra a história.

Porque o que se inicia com o gesto de cada brasileiro que troca o seu dinheiro a partir deste 1º de julho é um capítulo novo na nossa história, um capítulo que será redigido por cada um dos 150 milhões de brasileiros que constroem este país com o seu esforço e com a sua confiança.

Itamar Franco foi presidente da República (1992-1994), assumindo o cargo após o impeachment de Fernando Collor. Antes, havia sido vice-presidente (1990-1992), senador (1975-1990 e em 2011), governador de Minas Gerais (1999-2003) e prefeito de Juiz de Fora (1973-1974). Atuou também como embaixador em Portugal e na Organização dos Estados Americanos (OEA), em Washington. Morreu em 2011.

Sem sobressaltos

ADRIANA FERNANDES

Em 1º de julho de 1994, entrou em circulação a moeda do Real, que marcou a história do Brasil e pôs fim aos anos de hiperinflação. Itamar Franco (1992-1994), o vice que virou presidente após o processo de impeachment e a renúncia de Fernando Collor (1990-1992), descreve, em artigo publicado pela *Folha*, esse momento histórico, que promoveu transformações profundas no país e permitiu aos brasileiros conviverem, mesmo com os altos e baixos da economia, com uma inovação civilizada.

O Dia D da troca do cruzeiro real (a moeda anterior) pelo real foi um processo logístico complexo que envolveu até o uso de aviões da Força Aérea Brasileira (FAB) para transportar malotes de cédulas, novinhas em folha, para os locais mais longínquos do país. Foi como mudar, com extrema rapidez, a rota de um transatlântico. Mostrou-se o grande teste de largada para o plano, que desde a construção, em etapas, comprovou-se inovador e consistente.

Havia apreensão sobre a possibilidade de a estratégia não funcionar. O real estava sob forte crítica da oposição e desconfiança da população, traumatizada por sucessivos planos heterodoxos anteriores feitos a portas fechadas, sem a necessidade de transparência. Planos forjados com ferramentas autoritárias como tabelas de preços e confisco de dinheiro.

Itamar, cauteloso, admitia no artigo as correções que foram feitas ao longo do processo e citava a angústia vivenciada para colocar o plano em marcha. Registra-se a importância de o anúncio ter sido implementado em etapas (foram três), sem os sobressaltos dos planos anteriores.

O presidente não queria embarcar em uma nova aventura e arcar com o peso de outro fracasso na área econômica, o que inviabilizaria que o país tivesse perspectivas de crescimento sustentado com melhor distribuição de renda, crescimento do emprego e efetivação de políticas sociais.

Um novo fracasso também inviabilizaria a consolidação do processo democrático, ainda em marcha desde a eleição indireta de Tancredo Neves, ocorrida apenas dez anos antes. Foram anos marcados por medidas heterodoxas sem resultado e que levaram o país a uma indexação sem precedentes da economia e ao desastre das medidas autoritárias. As cicatrizes deixadas pelo fracassado Plano Collor ainda eram evidentes na sociedade e mexiam com os nervos do temperamental Itamar. Contribuíram para amenizar as pressões sobre o presidente as boas-vindas da área política e empresarial e a ponte feita pelo então ministro da Fazenda, Fernando Henrique Cardoso.

Mas o diabo mora nos detalhes. O Plano Real também apresentou falhas estruturais, como o engessamento do câmbio. Era necessária alguma âncora para permitir ao país a transição da hiperinflação para a estabilidade econômica, mas o instrumento escolhido trouxe os seus próprios custos.

A paridade da nova moeda ao dólar já prenunciava problemas devidamente ignorados por Itamar em seu artigo. Tornou-se o grande mote para a oposição, que denunciaria o que chamou de populismo cambial, durante todo o primeiro mandato de FHC, fazendo com que o seu segundo mandato fosse inaugurado com fortes turbulências.

Ainda assim, o processo gradual de implementação do Real, que começou em 1993, foi chave para entender a operação bem-sucedida da troca de moeda, que sustentou até hoje três décadas de estabilidade das bases da economia, apesar dos grandes percalços políticos desde então.

A nova moeda chegou para iluminar e consolidar a então jovem democracia. O controle da inflação tem sido essencial para a estabilidade econômica e social, evitando-se com isso uma crise de confiança da população no sistema político. Sem essa confiança, abre-se espaço para aventuras autoritárias.

A democracia se fortalece quando acompanhada da estabilidade da moeda. Itamar enfatizava que a adoção do real inseriu o Brasil em um novo modelo de desenvolvimento econômico e social, capaz de criar condições para a melhora dos indicadores sociais do país e para que esses avanços se tornassem efetivos.

Se perguntarmos hoje a um trabalhador qual é o maior problema brasileiro, certamente ele citará o custo de vida. O Plano Real e o combate à alta de preços foram o grande cabo eleitoral de FHC, que sucedeu a Itamar. E agora, trinta anos depois, mais do que nunca, a inflação continua sendo um dos temas mais sensíveis para o eleitor brasileiro, protagonista do processo democrático.

Adriana Fernandes é jornalista formada pela Universidade de Brasília (UnB), especializada em temas econômicos. Trabalhou em *O Estado de S. Paulo*, antes de assumir funções na *Folha de S.Paulo* como repórter especial e colunista de economia. Tem MBA pela FIA Business School.

FERNANDO HENRIQUE CARDOSO § VINICIUS MOTA

FHC e a injustiça social

Em 1991, Fernando Henrique Cardoso escrevia sobre um país suspenso entre a escassez material e a promessa democrática recém-conquistada. A inflação galopava, os escândalos se acumulavam e a população cobrava respostas que o Estado não conseguia oferecer. Em tom melancólico, o então senador expunha o impasse: como sustentar a credibilidade da democracia quando a liberdade política não se converte em bem-estar?

Mais de três décadas depois, o jornalista Vinicius Mota revisita aquele momento e explora as ironias de um diagnóstico formulado às vésperas da chegada de FHC à Presidência. Lidos em conjunto, os textos discutem a costura possível entre instituições democráticas e avanços sociais. E retomam uma velha inquietação: o novo é mesmo novo ou apenas o mesmo com outra face?

De novo o mesmo

FERNANDO HENRIQUE CARDOSO 8 DE AGOSTO DE 1991

O Congresso reabre sob o signo dos mesmos tormentos do passado: nova lei salarial, reajuste do funcionalismo, reforma tributária, lei orçamentária sem recursos para investimento e assim vai. Pior ainda, reabre com o terrível mal-estar causado pelas denúncias de envolvimento de parlamentares com o tráfico de drogas e com discursos diários sobre a corrupção de governantes e funcionários.

Os franceses costumam dizer "quanto mais muda, mais é a mesma coisa". É, entretanto, injusto não reconhecer que, a despeito desse clima de baixo-astral, muita coisa mudou no país. A começar pela democracia, pela liberdade, que, bem ou mal, aí está. E não se pode negar que houve um considerável esforço para aumentar os controles públicos sobre as decisões do governo (a própria forma como se elabora hoje o Orçamento) e sobre os desmandos (daí a visibilidade da corrupção). Nem seria justo deixar de reconhecer que o governo tem tentado cortar seus gastos e imprimir certo rumo modernizador ao país. Tem tentado mesmo equacionar de forma mais responsável as grandes questões que amarram nossa economia, como a da dívida externa e, agora, a da reforma tributária.

Contudo, o que mais o povo anseia, a melhoria do bem-estar, anda a passo de tartaruga. Do salário ao emprego, da saúde à educação, do transporte à moradia, tudo, mas tudo mesmo, é escassez.

Essa é a grande dificuldade para legitimar a democracia e para dar aos políticos maior credibilidade. Ninguém vai ficar feliz só porque estamos fazendo uma difícil experiência, a de manter o sistema político aberto em época de vacas magras.

Está acontecendo aqui o oposto do que ocorreu na Espanha e em Portugal. Lá, democracia equivale, para o povo, a maior bem-estar e melhores níveis de vida. Entre nós, fazemos o difícil convívio entre liberdade política e escassez de recursos.

Em um país de povo pobre, onde as demandas são muitas e os meios para atendê-las pouquíssimos, volta-se sempre à estaca zero. Se o governo — os políticos — não tem como definir prioridades consensuais, todos gritam, todos têm razão e ninguém é atendido.

É com essa sensação de não se poder fazer justiça social que se abre o semestre. Como discutir livre negociação dos salários com a inflação nos dois dígitos mensais? Como deixar de reconhecer que o máximo de aumento salarial que o Tesouro aguenta dar mantém os reajustes dos funcionários abaixo da inflação? Como votar um Orçamento que dê folga para obras de infraestrutura e que prepare o país para a retomada do crescimento se sabemos de antemão que as verbas serão contingenciadas para evitar o déficit?

Não espanta, nesse quadro, que os escândalos, grandes e pequenos, da Previdência, das negociatas, dos enriquecimentos inexplicáveis de políticos e funcionários terminem por ocupar toda a cena. O que espanta é a incapacidade da sociedade, do Congresso e do governo, diante de tudo isso, para definir quatro ou cinco questões prioritárias, decidir como atacá-las e, em conjunto, dar sustentação e políticas que nos permitam sair do refrão "*plus ça change, plus c'est la même chose*" (quanto mais muda, mais igual fica).

Fernando Henrique Cardoso foi presidente da República (1995-2003). Anteriormente atuou como ministro da Fazenda (1993-1994), ministro das Relações Exteriores (1992-1993) e senador (1983-1994). Foi também professor na Universidade de São Paulo (USP) e em instituições estrangeiras, como a Universidade Paris X–Nanterre e a Universidade de Stanford. Publicou uma vasta obra, incluindo *Dependência e desenvolvimento na América Latina* (1969, Civilização Brasileira), escrito em coautoria com Enzo Faletto.

O novo é o mesmo? O mesmo é o novo?

VINICIUS MOTA

No início de agosto de 1991, o Brasil parecia mais uma vez atolado no brejo da estagnação. A inflação tinha voltado aos dois dígitos — ao mês — apesar da dinamite que Fernando Collor de Mello detonara no ato inaugural de seu mandato, pouco mais de um ano antes.

Confisco e congelamentos haviam derrubado em vão a atividade econômica em 1990. Em maio, caiu a ministra da Economia, Zélia Cardoso de Mello, e assumiu Marcílio Marques Moreira, sem choque nem plano mirabolante — uma boa notícia que muitos não percebiam.

Não era o caso do senador Fernando Henrique Cardoso, então colunista da *Folha*. Se a perspectiva do semestre que se iniciava no Congresso não suscitava entusiasmo, escreveu, era preciso reconhecer os esforços para atacar problemas como o déficit do governo, a dívida externa e o primitivismo institucional.

A agenda convencional da nova equipe econômica favoreceu a estabilização que o próprio FHC conduziria a partir de 1993. O sucesso do Plano Real teria sido menos provável sem a renegociação da dívida externa sob Collor, a cargo de um certo Pedro Malan.

Inquieta o colunista o fato de a infante democracia brasileira ainda não propiciar ganhos de bem-estar à população. Preocupa-

-se, no fundo, com a sustentação social do regime, pois a abundância de liberdades não convive bem com a escassez de tudo mais. A pobreza extrema tinha voltado aos níveis cataclísmicos de antes do Plano Cruzado (1986), e a paisagem humana nos grandes conglomerados urbanos e no campo era aterradora.

FHC lamenta não haver governo que oriente a agenda nacional para desatar esse nó e, numa ironia que só entende quem conhece o futuro daquele pretérito, diz que a consequência da falta de condutores é o noticiário estar povoado por grandes e pequenos escândalos de corrupção. Um desse gênero derrubaria Collor no ano seguinte e empurraria o senador e sociólogo da Universidade de São Paulo para o ministério da Fazenda e daí para a Presidência.

O atraso organizacional do país é o diagnóstico que o professor oferece ao político FHC. Na academia ele havia rompido com o imobilismo e o vitimismo das teorias que condenavam o Brasil ao baixo desenvolvimento subordinado ao capital internacional. Como agente público, seu embate é pela modernização.

Um pedaço da plataforma caótica de Collor apontava nessa direção, mas faltavam-lhe o afastamento das oligarquias, a consciência do construtor de instituições e a conexão com as forças da abertura que, no Brasil e no mundo, revolviam o solo da velha ordem estabelecida no final da Segunda Guerra Mundial.

O colunista reunia esses atributos, mas ainda lhe faltava o poder, o que os meses seguintes se encarregariam de suprir. A contingência teve papel importante, mas não exclusivo.

Em 1991 tramitava no Congresso o projeto da Lei Orgânica da Assistência Social (Loas), marco do compromisso da democracia com os cidadãos mais necessitados. O aprendizado com os planos fracassados de estabilização assentava-se entre economistas, burocratas e políticos, e a solidez dos pilares constitucionais, fincados três anos antes, já era suficiente para suportar a deposição legal do primeiro presidente eleito diretamente.

Começavam a ganhar escala derivas tectônicas que, nos anos seguintes, ajudariam a mudar o jogo, como a emergência da China e a produtividade agropecuária no Brasil. Um novo país surgia, determinado a se abrir na economia e na política e a assegurar Previdência, saúde e educação à população. FHC foi o primeiro presidente antenado com essas demandas e capacitado para a transição. Naquele caldeirão de aparente eterno retorno do mesmo de 1991, borbulhavam uma economia mais dinâmica e um Estado mais solidário.

Ao longo das décadas seguintes, as forças do atraso foram, nas melhores quadras, submetidas a lideranças modernizadoras, mas não desapareceram. A matriz política brasileira, que para FHC é o corporativismo, é para onde tudo parece retornar quando se deixa de fazer força no sentido do progresso, de modo que a indagação do colunista continua válida. Demos essa volta toda para empacarmos no mesmo atoleiro?

Vinicius Mota é secretário de Redação e colunista da *Folha de S.Paulo*, onde ingressou em 1998. Ao longo de sua trajetória no jornal, atuou como editor de Opinião e de Mundo. É mestre em Sociologia pela Universidade de São Paulo (USP).

LUIZ INÁCIO LULA DA SILVA § MÔNICA BERGAMO

Lula e a Justiça

Na prisão em Curitiba, em abril de 2019, Luiz Inácio Lula da Silva escreveu um artigo em que criticava a instrumentalização da Justiça para impedi-lo de disputar as eleições. Com tom indignado, lembrou os eventos que levaram ao impeachment de Dilma Rousseff, à condenação dele e ao avanço do projeto neoliberal no país. O texto é, ao mesmo tempo, defesa pessoal e interpretação política.

A jornalista Mônica Bergamo retoma esse relato dando-lhe densidade e perspectiva. Em seu texto, compõe um quadro mais amplo da crise institucional, reconstruindo o ambiente político do período e revelando como o sistema reagia às tensões abertas pela prisão do ex-presidente.

Entrecruzados, os artigos oferecem uma chave essencial para compreender um dos pontos de inflexão mais decisivos da Nova República.

Por que têm tanto medo de Lula livre?

Objetivo já foi alcançado: impedir a minha eleição

LUIZ INÁCIO LULA DA SILVA 7 DE ABRIL DE 2019

Faz um ano que estou preso injustamente, acusado e condenado por um crime que nunca existiu. Cada dia que passei aqui fez aumentar minha indignação, mas mantenho a fé num julgamento justo em que a verdade vai prevalecer. Posso dormir com a consciência tranquila de minha inocência. Duvido que tenham sono leve os que me condenaram numa farsa judicial.

O que mais me angustia, no entanto, é o que se passa com o Brasil e o sofrimento do nosso povo. Para me impor um juízo de exceção, romperam os limites da lei e da Constituição, fragilizando a democracia. Os direitos do povo e da cidadania vêm sendo revogados, enquanto impõem o arrocho dos salários, a precarização do emprego e a alta do custo de vida. Entregam a soberania nacional, nossas riquezas, nossas empresas e até o nosso território para satisfazer interesses estrangeiros.

Hoje está claro que a minha condenação foi parte de um movimento político a partir da reeleição da presidenta Dilma Rousseff, em 2014. Derrotada nas urnas pela quarta vez consecutiva, a oposição escolheu o caminho do golpe para voltar ao poder, retomando o vício autoritário das classes dominantes brasileiras.

O golpe do impeachment sem crime de responsabilidade foi contra o modelo de desenvolvimento com inclusão social que o país vinha construindo desde 2003. Em doze anos, criamos 20 milhões de empregos, tiramos 32 milhões de pessoas da miséria, multiplicamos o PIB por cinco. Abrimos a universidade para milhões de excluídos. Vencemos a fome.

Aquele modelo era e é intolerável para uma camada privilegiada e preconceituosa da sociedade. Feriu poderosos interesses econômicos fora do país. Enquanto o pré-sal despertou a cobiça das petrolíferas estrangeiras, empresas brasileiras passaram a disputar mercados com exportadores tradicionais de outros países.

O impeachment veio para trazer de volta o neoliberalismo, em versão ainda mais radical. Para tanto, sabotaram os esforços do governo Dilma para enfrentar a crise econômica e corrigir seus próprios erros. Afundaram o país num colapso fiscal e numa recessão que ainda perdura. Prometeram que bastava tirar o PT do governo que os problemas do país acabariam.

O povo logo percebeu que havia sido enganado. O desemprego aumentou, os programas sociais foram esvaziados, escolas e hospitais perderam verbas. Uma política suicida implantada pela Petrobras tornou o preço do gás de cozinha proibitivo para os pobres e levou à paralisação dos caminhoneiros. Querem acabar com a aposentadoria dos idosos e dos trabalhadores rurais.

Nas caravanas pelo país, vi nos olhos de nossa gente a esperança e o desejo de retomar aquele modelo que começou a corrigir as desigualdades e deu oportunidades a quem nunca as teve. Já no início de 2018 as pesquisas apontavam que eu venceria as eleições em primeiro turno.

Era preciso impedir minha candidatura a qualquer custo. A Lava Jato, que foi pano de fundo no golpe do impeachment, atropelou prazos e prerrogativas da defesa para me condenar antes das eleições. Haviam grampeado ilegalmente minhas conversas, os telefones de meus advogados e até a presidenta da República.

Fui alvo de uma condução coercitiva ilegal, verdadeiro sequestro. Vasculharam minha casa, reviraram meu colchão, tomaram celulares e até tablets de meus netos.

Nada encontraram para me incriminar: nem conversas de bandidos, nem malas de dinheiro, nem contas no exterior. Mesmo assim fui condenado em prazo recorde, por Sergio Moro e pelo TRF-4, por "atos indeterminados", sem que achassem qualquer conexão entre o apartamento que nunca foi meu e supostos desvios da Petrobras. O Supremo negou-me um justo pedido de *habeas corpus*, sob pressão da mídia, do mercado e até das Forças Armadas, como confirmou recentemente Jair Bolsonaro, o maior beneficiário daquela perseguição.

Minha candidatura foi proibida contrariando a lei eleitoral, a jurisprudência e uma determinação do Comitê de Direitos Humanos da ONU para garantir os meus direitos políticos. E, mesmo assim, nosso candidato Fernando Haddad teve expressivas votações e só foi derrotado pela indústria de mentiras de Bolsonaro nas redes sociais, financiada por caixa dois até com dinheiro estrangeiro, segundo a imprensa.

Os mais renomados juristas do Brasil e de outros países consideram absurda minha condenação e apontam a parcialidade de Sergio Moro, confirmada na prática quando aceitou ser ministro da Justiça do presidente que ele ajudou a eleger com minha condenação. Tudo o que quero é que apontem uma prova sequer contra mim.

Por que têm tanto medo de Lula livre, se já alcançaram o objetivo, que era impedir minha eleição, se não há nada que sustente essa prisão? Na verdade, o que eles temem é a organização do povo que se identifica com nosso projeto de país. Temem ter de reconhecer as arbitrariedades que cometeram para eleger um presidente incapaz e que nos enche de vergonha.

Eles sabem que minha libertação é parte importante da retomada da democracia no Brasil. Mas são incapazes de conviver com o processo democrático.

Luiz Inácio Lula da Silva exerceu a Presidência da República entre 2003 e 2010, sendo novamente eleito para o cargo em 2022. Foi deputado federal de 1987 a 1991. Comandou o Sindicato de Metalúrgicos de São Bernardo do Campo e Diadema de 1975 a 1981 e foi um dos fundadores do Partido dos Trabalhadores (PT) em 1980.

Cenas de um ciclo histórico

MÔNICA BERGAMO

Em 2019, o Brasil se via cara a cara com o resultado de uma década, em que protestos monumentais (2013), seguidos da explosão da maior operação judicial já vista no país (Lava Jato, 2014), combinados com uma profunda recessão, desaguaram no impeachment da presidenta Dilma Rousseff (2016) e na prisão da maior liderança brasileira de esquerda do século: o ex-presidente Luiz Inácio Lula da Silva.

O resultado foi o governo de Jair Bolsonaro, capitão reformado do Exército que se notabilizara por defender escancaradamente a ditadura militar enterrada pela Constituição de 1988.

Sergio Moro, o juiz que condenou Lula, era o ministro da Justiça. A direita ascendia no mundo. Donald Trump comandava os Estados Unidos pela primeira vez, e personagens como o primeiro-ministro da Hungria, Viktor Orbán, se consolidavam no poder.

A democracia brasileira, colocada em xeque no passado recente, seria ainda mais estressada em um futuro próximo. Já havia sinais disso em 7 de abril daquele ano, dia em que Lula escreveu seu artigo para a *Folha de S.Paulo*.

Um mês antes, o Supremo Tribunal Federal (STF), sob ataque de procuradores da Operação Lava Jato e do "gabinete do ódio" do governo Bolsonaro, tinha criado o inquérito das fake news. Bolsonaro desafiava o Congresso Nacional, que resistia às suas investidas.

Em seu texto, no entanto, Lula jogava a luz no retrovisor, iluminando os anos que precederam sua prisão. Condenado por corrupção, ele dizia que os juízes responsáveis por seu caso aceleraram o julgamento para impedir que fosse candidato à Presidência em 2018. Denunciava o uso de grampos ilegais e definia a condução coercitiva que sofreu como sequestro.

Aqui, um parêntese sobre um tema que o ex-presidente não abordou: naquela época, os militares já começavam a sair de seu quadrado institucional. O então comandante do Exército, general Eduardo Villas Bôas, pressionou o STF de forma explícita a determinar a prisão de Lula. "Asseguro à nação que o Exército brasileiro julga compartilhar o anseio de todos os cidadãos de bem de repúdio à impunidade e de respeito à Constituição, à paz social e à democracia, bem como se mantém atento às suas missões constitucionais", escreveu o general em abril de 2018. A ameaça era clara: ou prendem Lula, ou vamos atuar. A ameaça de tutela militar, serpente brasileira adormecida desde a redemocratização dos anos 1980, voltava a colocar a cabeça acima da superfície.

Lula foi preso. Bolsonaro foi eleito. E levou os militares para o coração de seu governo. Naquele ano de 2018, o mundo ocidental refletia sobre os rumos das democracias liberais. Dois livros foram lançados e fizeram sucesso imediato: *Como as democracias morrem*, de Steven Levitsky e Daniel Ziblatt, e *O povo contra a democracia*, de Yascha Mounk. A mesma reflexão passou a ser feita no Brasil. O futuro era incerto.

Em 2019, ainda preso, Lula escrevia em seu artigo que o impeachment de Dilma tinha sido um golpe para que políticas neoliberais pudessem ser implantadas no Brasil de forma radical. A reforma trabalhista havia sido aprovada por Michel Temer em 2017, alterando a Consolidação das Leis do Trabalho (CLT) de forma inédita. A da Previdência, lançada pelo mesmo Temer, avançava no Congresso sob Bolsonaro, sob forte oposição da esquerda, agora combalida com a prisão de Lula. As regras do pré-sal foram alteradas.

Os advogados e apoiadores de Lula diziam que ele estava sendo vítima de *lawfare*, quando as leis são usadas como armas de guerra contra um adversário. O papa Francisco reverberou esse entendimento ao mundo.

Aquele era um dos momentos mais angustiantes para Lula na prisão. Ao entrar um ano antes na cela que agora o abrigava, ele avaliara que estava no centro de uma grande pirotecnia promovida pela Lava Jato. Acreditava que, em poucos dias, estaria livre novamente. Mas, um ano de cárcere depois, ele percebera que a temporada poderia ser longa.

Do lado de fora da prisão, no entanto, as coisas começavam a mudar de rumo em um ritmo célere. Em junho de 2019, explodiu a Vaza Jato, em que conversas de procuradores com Moro, quando ele era juiz, revelaram combinações entre o magistrado e os acusadores para a condenação de réus.

As conversas mostravam ainda nitidamente que a operação tentava investigar não apenas políticos eleitos, mas também integrantes do Supremo Tribunal Federal. Integrantes da Corte que até então apoiavam a Lava Jato entraram em alerta. Notavam uma tentativa de subversão da hierarquia judicial. Em 5 de setembro daquele ano, Bolsonaro indicou Augusto Aras como procurador-geral da República. Começava o desmonte oficial da Lava Jato, e o bolsonarismo e o lava-jatismo rachavam.

Em 7 de novembro, o STF decidiu que, no Brasil, a prisão de alguém só poderia ocorrer após o trânsito em julgado, e não simplesmente depois da condenação em segunda instância. No dia seguinte, Lula deixou a prisão, mas seguiu inelegível.

O ano de 2020 aprofundou o fosso entre Bolsonaro, o Congresso e o STF. O presidente, com o apoio de seus ministros militares, incentivava protestos contra o parlamento. Em um helicóptero do Exército, sobrevoou uma manifestação que pedia intervenção militar. Discursou em frente a quartéis. Seus seguidores dispararam fogos de artifício contra o STF.

Em março de 2021, o ministro Edson Fachin, do STF, anulou todas as condenações do ex-presidente Lula, sob a alegação de que a 13ª Vara Federal de Curitiba era incompetente para julgá-lo. Na sequência, liderada por Gilmar Mendes, a Segunda Turma do STF disse que Moro não havia sido um juiz imparcial em seu julgamento.

O ciclo histórico dava um giro de 180 graus. Lula, considerado o único com força para derrotar Bolsonaro e as forças que o apoiavam, poderia novamente disputar as eleições. E ao fazê-lo em 2022, venceu.

Mônica Bergamo é jornalista formada na Faculdade Cásper Líbero. Após trabalhar nas revistas *Playboy*, *Veja* e na TV Bandeirantes, ingressou na *Folha de S.Paulo* em 1999, onde tem uma coluna diária desde 2000. É comentarista da rádio BandNews FM.

DILMA ROUSSEFF § CAMILA MATTOSO

Dilma e o impeachment

No epicentro de uma das mais graves crises institucionais desde a redemocratização, a presidente Dilma Rousseff escreveu um artigo que é, ao mesmo tempo, defesa pessoal, denúncia política e apelo histórico. Publicado em abril de 2016, na véspera da votação do impeachment, o texto ecoava como um grito de alerta de uma chefe de governo e de Estado que se via prestes a ser destituída sem, segundo ela, ter cometido qualquer crime.

Camila Mattoso parte desse texto para reler os fatos com distanciamento jornalístico e confrontá-los com o contexto político da época. Ela oferece uma leitura crítica do impeachment como instrumento previsto pelas regras democráticas, mas também moldado por disputas de poder. Os dois artigos revelam como a democracia brasileira pode ser testada, contestada e remodelada em tempos de crise.

O IMPEACHMENT OPINIÃO

A democracia é o lado certo da história

Derrubar uma presidenta legitimamente eleita não é solução para enfrentar os momentos difíceis que vivemos

DILMA ROUSSEFF 16 DE ABRIL DE 2016

Vivemos dias decisivos para a jovem democracia brasileira. Vivemos tempos que colocam em risco o direito de o povo escolher, por eleição direta, quem deve governar o nosso país. São tempos em que a capacidade de diálogo, tolerância e respeito às diferenças políticas está sendo testada ao limite.

Vivemos sob a ameaça de um golpe de Estado. Um golpe sem armas, mas que usa de artifícios ainda mais destrutivos, como a fraude e a mentira, na tentativa de destituir um governo legitimamente eleito, substituindo-o por um governo sem voto e sem legitimidade.

Sou de uma geração que lutou muito pela democracia e, apesar de todas as dores e todos os sacrifícios, inclusive a dor extrema da tortura e o sacrifício maior da vida, venceu.

Acredito no Brasil democrático e no povo brasileiro, e tenho trabalhado muito para honrar os votos dos mais de 54 milhões de eleitores que me elegeram para governar o Brasil por quatro anos, até 31 de dezembro de 2018.

Neste momento, há um pedido de impeachment contra mim em julgamento no Congresso Nacional. Um pedido de impeachment aberto sem que eu tenha cometido crime de responsabilidade. Aliás, não cometi crime algum, de nenhum tipo.

Os que se pretendem meus algozes é que têm encontro marcado com a Justiça, mais cedo ou mais tarde. Para fugir dela, tentam derrubar um governo que criou leis contra a corrupção, deu transparência à administração pública e sempre apoiou a ação independente da Polícia Federal e do Ministério Público.

Tudo isso faz desse julgamento uma grande fraude. Na verdade, a maior fraude jurídica e política da história de nosso país. Destituir uma presidenta pelo impeachment, sem que ela tenha cometido crime de responsabilidade, é rasgar a Constituição brasileira. Trata-se de um golpe contra a República, contra a democracia e, sobretudo, contra os votos de todos os brasileiros que participaram do processo eleitoral.

Fazer oposição e criticar meu governo é parte da democracia. Mas derrubar uma presidenta legitimamente eleita, sem que tenha cometido qualquer crime, sem que seja sequer investigada em um processo, não faz parte da democracia.

É golpe!

Não temo investigação de qualquer natureza sobre minha conduta. Jamais me opus ou criei obstáculos a qualquer investigação, sobre quem quer que seja.

Não sou suspeita, não sou investigada, não sou ré, mas querem me derrubar por meio de um impeachment ilegal. Querem me submeter a uma das maiores injustiças que se pode cometer contra alguém: condenar um inocente.

Querem condenar uma inocente e salvam corruptos.

Peço a todas as brasileiras e a todos os brasileiros que não se iludam, nem se deixem enganar. Vejam quem está liderando esse processo. Perguntem-se por que querem tanto me derrubar da Presidência e desrespeitar o voto do povo.

Será que esses que lideram o golpe permitirão que o combate à corrupção continue? Qual a sua legitimidade? O que querem dizer quando anunciam a necessidade de impor sacrifícios à população? O governo de salvação que prometem será para salvar o Brasil ou a eles mesmos?

Respeito os que se opõem ao meu governo e gostariam de ver outra pessoa na Presidência. Sei que muitos pensam assim de boa-fé porque ainda não perceberam quem são os conspiradores. As pessoas que pensam e agem de boa-fé, ao contrário dos líderes da fraude golpista, devem entender que não precisam gostar de mim para se opor ao golpe. Basta gostar da democracia. Basta respeitar o eleitor.

Nossa democracia não pode ser violentada. O voto de cada brasileiro e cada brasileira deve ser respeitado. O golpe deve ser impedido para que o Brasil não retroceda na política, nos direitos, na inclusão.

Derrubar uma presidenta legitimamente eleita não é solução para enfrentar os momentos difíceis que vivemos na economia brasileira. Muito ao contrário: sem a legitimidade concedida pelo voto direto, nenhum governo é capaz de construir saídas democráticas para a crise. Com o golpe, a crise se aprofundaria e se prolongaria.

Faço questão de lembrar que, apesar de toda a crise, as nossas políticas sociais continuam em curso. Os jovens seguem tendo acesso ao ProUni, ao Fies e ao Pronatec.* O Bolsa Família; o Mais Médicos; o Minha Casa, Minha Vida continuam íntegros e mudando a vida do povo brasileiro. Jamais rompemos ou romperemos com os compromissos por um Brasil justo e inclusivo, de todos os brasileiros e brasileiras. Sabemos que estabilizar a economia e o nível de emprego é tarefa urgente e fundamental, que enfrentaremos com ainda mais vigor, assim que superarmos a crise política.

A inflação felizmente já começou a diminuir. Os consumidores já perceberam isso em seu dia a dia, na conta de luz e no preço dos ali-

* Programa Universidade para Todos (ProUni), Fundo de Financiamento Estudantil (Fies), Programa Nacional de Acesso ao Ensino Técnico e Emprego (Pronatec) (*N. dos orgs.*).

mentos. Essa é uma boa notícia porque interrompe a perda de poder de compra das famílias e abre espaço para a redução da taxa de juros.

Estamos vendendo mais produtos para o resto do mundo e, com isso, o superávit em nossa balança comercial é crescente. Nossas reservas internacionais são elevadas e, ao contrário do que tentam mostrar na imprensa, o investimento estrangeiro direto continua vindo para o Brasil.

Os fundamentos da economia são hoje muito melhores do que no tempo em que mandavam no Brasil os líderes do golpe e o FMI. Muitas de nossas dificuldades hoje são obra do golpismo e da aposta política no "quanto pior, melhor", que instabiliza o país desde a eleição.

Acabamos de firmar um acordo com os governadores para alongar o prazo das dívidas estaduais, garantindo um alívio às contas dos Estados neste momento de dificuldades. Isso é muito importante, pois diminuirá os riscos de atrasos de pagamentos do funcionalismo, permitirá a continuidade de serviços fundamentais para a população e até mesmo a retomada ou aceleração de obras.

Enviei ao Congresso uma proposta para ampliar os recursos disponíveis para gastos fundamentais, em especial na área de saúde e educação, e para dar sequência a obras que estão em andamento e a investimentos na área de defesa, fundamentais para nosso futuro. Essa proposta e a renegociação da dívida dos governos estaduais terão, juntas, impacto suficiente para gerar um ponto percentual de crescimento no PIB do país.

Tudo isso já está em curso. Sei que precisamos fazer muito mais e, vencida esta batalha contra o golpe, proponho a construção de um pacto nacional.

Proponho um pacto que envolva todos os segmentos da sociedade — todos, sem exceção — para construirmos novas propostas para a retomada do desenvolvimento do Brasil. Propostas que devem ter como premissas a continuidade dos programas sociais e o respeito aos direitos de todos os cidadãos.

O futuro do Brasil está na inclusão social que dinamiza a economia e aprofunda a democracia. Entre as propostas de futuro, faço questão de destacar a necessária e inadiável reforma política, para aumentar a representatividade de nosso sistema, cortar a raiz da corrupção política e democratizar e tornar mais transparente a atividade política.

Faço um apelo aos brasileiros que estarão nas ruas, mobilizados, nos próximos dias, até que o golpe de Estado seja derrotado. Acompanhem os acontecimentos com atenção e, sobretudo, com calma e em paz. Peço calma e paz a todos — aos que são contra mim e aos que estão comigo e contra o golpe.

Peço aos deputados federais de todos os estados e de todas as agremiações políticas, sem distinção ideológica, que, no domingo, tomem posição clara em defesa da democracia e da legalidade.

Desejo que suas consciências os aconselhem a votar contra o golpe, contra a interrupção de um mandato conferido pelo povo e contra os enormes riscos que a derrubada de um governo legítimo pode causar. Presto homenagem aos parlamentares de todos os partidos que estão contra o golpe. Chamo à reflexão aqueles que ainda relutam em cerrar fileiras contra o impeachment.

A história, que fará nosso julgamento definitivo, vai honrar a biografia de vocês, tanto quanto vocês estarão honrando seu país ao votar contra um impeachment ilegal. Quem defende a democracia nunca se arrepende.

A democracia é sempre o lado certo da história.

Dilma Rousseff foi presidente da República de 2011 a 2016, tornando-se a primeira mulher a ocupar o cargo. Antes disso, atuou como ministra da Casa Civil (2005-2010), ministra de Minas e Energia (2003-2005), secretária estadual de Minas, Energia e Comunicações do Rio Grande do Sul (1999-2002) e secretária da Fazenda de Porto Alegre (1986-1988). Desde 2023, preside o New Development Bank, com sede na China.

O impeachment que dividiu o país

CAMILA MATTOSO

O artigo "Democracia: o lado certo da história" foi publicado em 16 de abril de 2016, um dia antes de o Congresso dar o passo decisivo na direção do impeachment de Dilma Rousseff. Naquele domingo, 17 de abril, a crise política chegava ao ápice com uma sessão da Câmara dos Deputados transmitida na TV de milhões de brasileiros, ao vivo pela campeã de audiência, a Rede Globo.

Mais uma vez o país reunia as principais variáveis pró-queda de governos: economia deteriorada, baixíssima popularidade presidencial (quase 70% de reprovação), base congressual em frangalhos e protestos de rua — um mês antes a avenida Paulista havia abrigado a mais volumosa manifestação política da história do país, superando a das Diretas Já.

Em tradução livre, os argumentos expostos por Dilma em seu artigo podem ser lidos da seguinte forma: talvez esteja fazendo um governo lamentável, mas, pelas regras democráticas e pelos votos que obtive, tenho o direito de concluí-lo. Logo, esse impeachment é um golpe sem quartéis.

Mandatos presidenciais encurtados não eram e não são novidade, como mostram, entre outros, o suicídio de Getúlio Vargas, em 1954, e o impeachment de Fernando Collor, em 1992.

Seria ingenuidade, mesmo no calor dos acontecimentos, atribuir a queda de Dilma a uma análise técnica, isenta e desinteressada sobre as chamadas "pedaladas fiscais", um drible pertencente a uma "cultura orçamentária ainda permissiva", como registrou editorial da *Folha* nesse período.

Todo o processo político foi conduzido às claras e nos bastidores por atores bem-definidos, em especial duas figuras: o então presidente da Câmara, Eduardo Cunha, que via a Operação Lava Jato cada vez mais perto, e Michel Temer, o autointitulado "vice decorativo", beneficiário imediato do impeachment.

Coube a Cunha comandar, ao seu estilo habilidosamente truculento, a aprovação na Câmara. Foi ele o responsável, por exemplo, por marcar a sessão de votação para um domingo, buscando uma explosão de audiência para jogar pressão sobre deputados indecisos. Após a aprovação pela Câmara, que resultou no afastamento da petista, a tramitação no Senado foi jogo jogado. Dilma perdeu o cargo definitivamente em 31 de agosto de 2016.

Ainda que controverso por ser amparado em justificativa técnica questionável, o impeachment seguiu as demais regras do jogo. Entre outros pontos, o direito à ampla defesa, a necessidade de expressivo apoio na Câmara e no Senado (ao menos dois terços) e a supervisão e o comando do julgamento pelo Supremo Tribunal Federal, então presidido por Ricardo Lewandowski — que mais tarde se tornaria ministro do Lula 3.*

Temer viveu situação parecida na crise da JBS, em 2017. Chegou a vislumbrar a renúncia, mas, diferentemente da petista, conseguiu se salvar. Os pilares legais se mantiveram de pé.

O emedebista tinha contra si o mesmo "combo do impeachment" — impopularidade, pressão das ruas, economia ruim e frágil apoio congressual —, mas em grau de gravidade ligeiramente

---

* Ricardo Lewandowski tomou posse como titular do Ministério da Justiça e Segurança Pública em 1º de fevereiro de 2024, no início do terceiro mandato do presidente Lula. Antes, foi ministro do Supremo Tribunal Federal de 2006 a 2023, tendo presidido aquela Corte entre 2014 e 2016. Exerceu a função de presidente do Senado Federal durante o processo de impeachment da presidente Dilma Rousseff em 2016 (*N. da E.*).

menor, o suficiente para ele barrar na Câmara duas denúncias da Procuradoria-Geral da República. Usou, para isso, instrumentos de cooptação e uma articulação e habilidade política que a antecessora jamais teve.

O impeachment de Dilma dividiu o país. Quantas panelas batidas, gritos, xingamentos foram ouvidos no Fla-Flu que se instalou nas janelas das casas durante pronunciamentos dela em rede aberta ou nas várias edições do *Jornal Nacional* que trataram do caso. Para alguns, o episódio mostrou força das instituições; para outros, fragilidade. Mas por todos os lados trouxe de volta mais uma vez a discussão sobre qual é a saída adequada em momentos de crise política aguda e total incapacidade de continuidade do governo.

Pelas regras democráticas brasileiras, só há duas opções claras que não envolvam o sistema judicial. A primeira, a renúncia, decisão que fica na mão do ocupante do cargo. A segunda, o impeachment, solução usada em 2016 independentemente de haver comprovação cabal de crimes de responsabilidade.

Alternativa a isso passaria pelo parlamentarismo, já rejeitado duas vezes em consultas populares, a primeira em 1963 e a última em 1993 — ano em que o sistema usado em vários países de democracia consolidada foi escolhido por apenas 25% dos eleitores, contra 55% que optaram em manter o presidencialismo. Ou pelos modelos semialguma coisa e semioutra coisa que proliferam no Legislativo. É um tema que não tão cedo sairá da pauta de debates da ainda jovem democracia brasileira.

Camila Mattoso é formada em jornalismo pela Faculdade Cásper Líbero. É diretora da sucursal da *Folha de S.Paulo* em Brasília e foi editora do Painel. Em parceria com colegas do jornal, revelou o caso Wal do Açaí, a evolução patrimonial da família Bolsonaro e as candidaturas laranjas do PSL. Também foi repórter de Esporte.

MICHEL TEMER § DORA KRAMER

Temer e o Ministério Público

Em julho de 2017, Michel Temer publicou um artigo em que respondeu às acusações que o tornaram o primeiro presidente da República denunciado no exercício do cargo. O então chefe do governo, acadêmico em direito, atacou duramente a atuação do Ministério Público, apontando supostas arbitrariedades e se apresentando como vítima de uma tentativa de desestabilização institucional. Mais do que uma peça de defesa, o texto de Temer é um documento político, escrito por alguém que conhece os rituais do poder e da lei.

Na sequência, a jornalista Dora Kramer reconstrói esse episódio com distanciamento analítico, contrapondo as luzes com as sombras de um governo curto e turbulento. Em sua leitura, o artigo revela o funcionamento de uma engrenagem política mais ampla, sustentada por pactos de ocasião, impasses institucionais e uma retórica de estabilidade que nem sempre correspondeu à realidade. A justaposição de visões contribui para a compreensão de um dos momentos-chave da Nova República.

Heresia jurídica

MICHEL TEMER 6 DE JULHO DE 2017

Depois de 45 dias de acusações abjetas e caluniosas, repetidas ao país à exaustão, apresentei minha defesa oficial à Câmara dos Deputados. Nela fica demonstrada minha inocência cristalina. Não cometi, à frente da Presidência, nenhum deslize penal, ético ou moral.

São tantos os procedimentos e fatos ilegais e arbitrários assacados nesse processo torpe contra mim que não é fácil escolher por onde começar. Meus defensores gastaram cem páginas apenas para descrevê-los sucintamente.

Não deixa de ser uma ironia que, advogado de carreira e professor, eu venha a ser apresentado, a esta altura da vida, ao "direito penal da ilação" e ao "direito penal do porvir" — criações inusitadas do Ministério Público Federal que estão assombrando o mundo jurídico.

Pelo "direito da ilação", da mera suposição e dedução, fui acusado, sem provas, de ter recebido R$ 500 mil pelas mãos de terceiros por ordem do empresário-grampeador Joesley Batista, dono do grupo J&F.

A denúncia não descreve sequer um detalhe de minha suposta conduta ilícita. Onde? Quando? A quem pedi? De quem recebi? Nem aponta o que teria eu oferecido em troca ao "corruptor-geral da República". Esses fatos não podem ser encontrados na inepta peça acusatória. Eles simplesmente inexistem.

Bem como não se atendeu aos pleitos da empresa no Cade,* local de origem da suposta propina. A Polícia Federal registrou essa falta de "contrapartida". A acusação se vale apenas, e o tempo todo, da palavra de um delator desesperado para transferir seus crimes a outros. E usa gravação clandestina feita por ele. E os fatos? Foram mandados às favas.

Descobrimos na peça acusatória outra novidade assustadora: a denúncia montada contra mim baseou-se em inédito pré-acordo de colaboração premiada.

E este não trouxe ao conhecimento da Procuradoria-Geral da República (PGR), autora do pedido de investigação, e ao Supremo Tribunal Federal (STF), que o autorizou, "fatos criminosos pretéritos à negociação do acordo em foco", como é usual, mas a previsão de crimes que poderiam ou não ocorrer no futuro, ou estariam em curso.

Ou seja: o delator não apontou crime contra mim, mas prometeu fabricar algum delito no futuro próximo. E assim o fez, em troca de imunidade total para 245 crimes e perdão para 2 mil anos de prisão, ao desdobrar a gravação ilícita e descontínua, imprestável como prova judicial, em "ações controladas". Inaugurou-se, assim, o espantoso "direito penal do porvir".

Foi uma ação desse nível de temeridade — com envergadura para macular não o governante, mas a instituição Presidência da República, e desestabilizar o país — que foi aceita de maneira açodada, sem passar pelo crivo do plenário do STF.

Foi, reafirmo, com base na gravação ilícita que o Ministério Público determinou as ações controladas e medidas cautelares posteriores — todas, portanto, frutos de uma mesma árvore envenenada.

---

* Cade é o Conselho Administrativo de Defesa Econômica, órgão vinculado ao Ministério da Justiça do Brasil, responsável por zelar pela livre concorrência e combater práticas anticompetitivas (*N. dos orgs.*).

Depois de constatarem a total falta de elementos mínimos para sustentar a imputação de crime, meus advogados perguntam se estou sendo denunciado por ter um ex-assessor "de total confiança" ou por ter conversado com um empresário no [palácio do] Jaburu. "Ou estaria Michel Temer sofrendo os dissabores de uma denúncia exclusivamente em razão de ser o presidente da República, em uma verdadeira manifestação política contra seus ideais de governo?" A única resposta possível para esta última questão é "sim".

A experiência ensinou-me que a arrogância nunca é boa conselheira. Como sabem os que têm fé, Deus prefere os homens simples, aqueles que, mesmo alçados às mais altas posições, guardam a consciência de saber-se exatamente iguais aos seus semelhantes.

Destacaram, entre todas as manchetes infames destes últimos dias, que sou o primeiro presidente da República denunciado no exercício do cargo por corrupção.

Isso só foi possível porque é a primeira vez também que se atropela de forma tão violenta e absurda o devido processo legal.

Defendo-me de acusação que é uma verdadeira heresia jurídica, um atentado ao Estado democrático de direito. Que seja a primeira e a última denúncia neste feitio arbitrário.

Digo isso em favor da presunção constitucional de inocência devida a todos os brasileiros. Que em nosso país até o mais humilde cidadão sinta-se preservado das flechas da injustiça.

Luto hoje não apenas pela minha inocência, mas para garantir o direito sagrado de todo brasileiro. Luto para que prevaleça a lei sobre os interesses subterrâneos e inconfessáveis que movem aqueles que envenenam nossas instituições e querem matar princípios básicos consagrados pela nossa civilização.

Michel Temer exerceu a Presidência da República entre 2016 e 2018, após o impeachment de Dilma Rousseff. Antes disso, ocupou o cargo de vice-presidente por dois mandatos consecutivos (2011-2016), foi presidente da Câmara dos Deputados em três períodos (1997-1999, 2001-2003, 2009-2011) e secretário de Segurança Pública do estado de São Paulo (1984-1986, 1992-1993). É também autor de obras jurídicas, entre elas *Elementos de direito constitucional* (2023, Juspodivm).

Agonias e êxitos de um mandato tampão

DORA KRAMER

Michel Temer não foi o primeiro vice a assumir a Presidência da República por força de um impeachment, mas foi o primeiro mandatário em exercício a ser denunciado pelo Ministério Público por corrupção passiva, organização criminosa e obstrução de Justiça.

Antes dele, Itamar Franco ocuparia a cadeira de Fernando Collor, impedido em 1992. A crise econômica assolava a ambos. Itamar em ambiente de hiperinflação e Temer em situação de recessão. E fica por aí a semelhança, pois as conjunturas políticas e sociais de um e de outro eram inteiramente diferentes.

Temer chegou como titular ao Palácio do Planalto sob pressão intensa daqueles que contestavam sua legitimidade e o acusavam de ter traído a presidente interditada, Dilma Rousseff. Isso a despeito de o processo ter cumprido os ritos legais sob escrutínio do Supremo Tribunal Federal.

Foram dois anos e sete meses que podem ser divididos em duas fases: antes e depois do caso Joesley Batista. Um ano depois do início do mandato, em 2017, o empresário, dono da JBS, acusou o então presidente de tê-lo instado, em uma conversa privada e gravada, a pagar pelo silêncio de Eduardo Cunha, ex-presidente da Câmara dos Deputados preso e cassado no âmbito da Operação Lava Jato, no auge à época.

Houve luz e sombra naquele período. Curto e produtivo, se consideradas as melhorias: queda das taxas de juros (de 14,5% para 6,5%) e de inflação (de 9,3% para 2,76%), aumento do PIB (de médias de 0,1% para 1,6%), além das reformas trabalhista e do ensino médio.

O fantasma da suspeita, porém, assombrou o presidente a partir do momento em que se viu enredado em uma teia (trama?) de acusações por ele qualificadas como "heresia jurídica" no artigo publicado na *Folha* em que aponta a ausência de provas contra ele e de nexo causal entre os acontecimentos.

Temer tinha pouco mais de um ano de mandato quando o mundo desabou sobre ele, em maio de 2017. Dois meses antes, Joesley Batista havia gravado às escondidas um encontro com o presidente quando dizia a ele que estava quite com Eduardo Cunha, dando a entender que em função disso o ex-deputado não faria delação premiada. O enrosco deu-se a partir do conselho de Temer: "Tem que manter isso aí, viu?" A frase deu margem a duas interpretações. Uma, a de que a referência seria à necessidade de manutenção do bom relacionamento. Outra, que o presidente teria dado aval à compra do silêncio do ex-deputado aos investigadores da Lava Jato.

A Procuradoria-Geral da República (PGR), então sob comando de Rodrigo Janot, acolheu a segunda versão e, com base nela, denunciou Michel Temer ao Supremo Tribunal Federal, que instaurou um inquérito.

Recebidas as denúncias por corrupção, organização criminosa e obstrução de justiça, o STF pediu licença ao Parlamento para processar o presidente, mas os dois pedidos foram rejeitados sem dificuldade. Seja por inconsistência, seja pela boa relação de Michel Temer com o Legislativo. Afinal, ao longo da carreira política, fora três vezes presidente da Câmara.

Essa união estável permitiu que Temer não tivesse o mesmo destino nefasto de Fernando Collor e Dilma Rousseff. Isso do lado da sombra; no espectro da luz, proporcionou reformas e o retorno a uma certa estabilidade econômica.

A turbulência, no entanto, deixou sequelas — justas ou injustas — que resultaram na desarticulação do centro, no fim do projeto do MDB de apresentar Temer como candidato à Presidência em 2018 e, como vimos, na disruptiva escolha do eleitorado por Jair Bolsonaro, cuja trajetória segue em via de ser interrompida pela mesma Justiça que rendeu tantas agruras, justas ou injustas, a Michel Temer em seu conturbado mandato tampão.

Dora Kramer é colunista da *Folha de S.Paulo* desde 2023. Atuou na revista *Veja* e em jornais como *O Estado de S. Paulo* e *Jornal do Brasil*. É autora de *Passando a limpo: a trajetória de um farsante* (1993, Record, com Pedro Collor), *O resumo da história: fatos e personagens que marcaram a política brasileira* (2000, Objetiva) e *O poder pelo avesso: 99 crônicas políticas* (2010, Barcarolla).

JAIR BOLSONARO § SÉRGIO DÁVILA

Entre Bolsonaro e a democracia

Em novembro de 2024, Jair Bolsonaro escreveu um artigo para a *Folha de S.Paulo* em que conclamava seus adversários a aceitar a democracia. Assinado por alguém conhecido por atacar instituições, hostilizar jornalistas e desprezar os fundamentos da verdade factual, o texto causou indignação e acusações de leniência e oportunismo ao jornal. Diante destas circunstâncias, é importante esclarecer, por meio desta introdução, com formato ligeiramente distinto das demais, o critério de inclusão do referido texto neste livro. A escolha é de natureza documental, não valorativa; não constitui contradição editorial, mas imperativo historiográfico. Trata-se de registrar, com exatidão crítica, o conjunto das intervenções presidenciais sobre a democracia brasileira ao longo da Nova República, incluindo as formulações públicas de todos os presidentes que exerceram o cargo nesse período, independentemente de sua adesão ou seu antagonismo ao regime democrático. A imagem da democracia brasileira é simultaneamente polícroma e manchada.

Bolsonaro operou uma tentativa de golpe de Estado, mobilizou recursos institucionais para fragilizar o processo eleitoral e atacar a legitimidade das eleições, ameaçou o funcionamento harmônico entre os Poderes, fomentou práticas de desinformação que corroem a esfera pública e cultivou formas de erosão normativa típicas de regimes iliberais. Seu governo agitou os limites da institucionalidade ao ponto da ruptura, com consequências materiais devastadoras: milhares de mortos pela recusa deliberada de coordenação institucional durante a pandemia da covid-19, comunidades vulneráveis submetidas ao desmonte de políticas públicas e à violência estatal, povos indígenas alvo de omissão e conivência com sua devastação, e um discurso sistemático de erosão de direitos e legitimação da exclusão.

A tradição democrática não se funda na exclusão de vozes dissonantes, mas na possibilidade de submetê-las à análise, ao confronto e à memória. Este livro segue o entendimento predominante na teoria política contemporânea de que, diante de lideranças que atuam contra os fundamentos democráticos, não se deve nem silenciar por censura, nem oferecer palco sem contraponto. A abordagem escolhida evita tanto o apagamento quanto a legitimização, tratando o texto como documento a ser interpretado, não como voz autorizada. O artigo de Jair Bolsonaro é um expediente pós-fático: sob aparência de adesão à democracia, produz inversão semântica que visa desresponsabilizá-lo por práticas iliberais. Como em outros populismos autoritários, captura o léxico democrático para neutralizar a crítica. Nesse contexto, a análise ao artigo não deve recair sobre a sua superfície declarativa, mas sobre o abismo entre palavra e prática.

O artigo oferece também uma chance de dar visibilidade a um dos mais conhecidos dilemas ontológicos das democracias: até que ponto um regime fundado na liberdade deve tolerar, em nome dela, discursos que visam a sua própria anulação? O filósofo austro-britânico Karl Popper (1902-1994) advertiu que, ao tolerar ilimitadamente o intolerante, corremos o risco de sermos destruídos por ele. Contudo, como lembra Sérgio Dávila, diretor de Redação da *Folha*, a relevância do autor é indiscutível — Bolsonaro havia obtido 58 milhões de votos dois anos antes, perdendo o pleito para Lula por uma diferença de meio ponto percentual. Em seu texto, o jornalista relata, pela primeira vez, os bastidores da decisão de publicar no jornal o artigo de Bolsonaro e reflete sobre a importância simbólica da publicação.

O artigo do ex-presidente é, em si, um teste ao seu capital político, um teste aos compromissos editoriais do jornal e um teste — modesto, mas revelador — à maturidade da democracia brasileira. Mais uma vez, como em tantas outras vezes desde 1985, a democracia mostrou capacidade de resistência, reafirmando-se.

Aceitem a democracia

Chamado a opinar, o povo tem escolhido a ordem, o progresso, o patriotismo, a liberdade econômica e de expressão e o respeito às famílias e à religião

JAIR BOLSONARO 10 DE NOVEMBRO DE 2024

Os ventos da democracia sopram com direção e sentido bem-definidos. Na Argentina, no Brasil, nos Estados Unidos, a maioria dos eleitores escolhe candidatos, partidos e programas da direita. Alguns analistas e cientistas políticos, pouco confortáveis com as soberanas decisões populares, tentam apresentar muitos desses movimentos como se fossem uma guinada "ao centro". Não é. Basta prestar atenção às propostas ultimamente aprovadas nas urnas.

Nos lugares onde o povo tem sido chamado a opinar, a maioria escolhe a ordem, o desenvolvimento, o progresso, a liberdade econômica, a liberdade de expressão, o respeito às famílias e à religião, o patriotismo. São as bandeiras que nós, da direita, vimos levantando há anos, mesmo sob graves ameaças autoritárias.

Nada consegue conter a onda conservadora. Nem a censura, nem os cancelamentos, nem o boicote econômico, nem as perseguições policiais, nem as longas, arbitrárias e injustas prisões.

A resistência e a resiliência da direita têm uma razão muito simples: nossas bandeiras, mesmo sob ataque do grosso dos veículos de comunicação e de seus jornalistas, expressam os sentimentos e anseios mais profundos da maioria da sociedade. E nenhuma medida administrativa ou repressiva tem sido capaz de modificar essa tendência. Pois, quando uma ideia ganha a alma do povo, é inútil tentar matá-la simplesmente por meio da violência.

A moda é nos acusar de inimigos da democracia. Mas quem mostra dificuldade de aceitar a democracia é a esquerda, quando a maioria do povo decide por caminhos diferentes do que ela gostaria. Basta olhar a reação da esquerda às suas derrotas.

Quando pode, como na Venezuela, simplesmente frauda, na caradura, o resultado eleitoral. Quando não, como agora no vitorioso retorno do presidente Donald Trump à Casa Branca, lamenta-se por ter permitido que seus adversários da direita disputem as eleições.

Esses são os que se apresentam como "democratas", autonomeados "salvadores da democracia", uma democracia que pisoteiam quando podem. Além do mais, vivem numa realidade paralela, ilhados dentro das suas bolhas, afastados do povo e dos trabalhadores que um dia disseram representar. São incapazes de compreender que não é possível, a não ser numa ditadura absoluta, impedir a manifestação da vontade popular, da qual os líderes são apenas portadores. Se suprimirem um líder, outro aparecerá.

E como têm aparecido líderes capazes de canalizar e expressar a vontade majoritária do povo!

Agora mesmo, nas nossas eleições para prefeitos e vereadores, os homens e as mulheres da direita invadiram democraticamente, pela força do voto, a arena política, num tsunami de afirmação poucas vezes visto. Nossos quadros, nos diversos partidos, surgem às dezenas, centenas. E onde estão os novos quadros da esquerda? Alguém sabe? Alguém viu?

Não estão em lugar nenhum. O cenário da esquerda é de envelhecimento e desolação. Até os seus porta-vozes menos alheios à realidade reconhecem.

Isso ocorre por uma razão muito simples: o jardim da política só floresce quando é irrigado pela vontade popular. Quando uma força política se desconecta do sentimento da maioria, é inevitável que definhe. Pode até resistir por um tempo à custa da repressão e do uso desavergonhado dos orçamentos públicos, mas seu destino está traçado. Está destinada à irrelevância, ou mesmo a desaparecer. Com quantas antigas potências do cenário político não vimos isso acontecer?

Cada um que faça suas escolhas. Nós, da direita, tão injustamente acusados de "extremismo", continuaremos perseverando no caminho que sempre defendemos, o da liberdade e da democracia, entendida como o governo do povo.

Continuaremos nos esforçando para ouvir o povo e estar conectados aos anseios mais profundos da sociedade, mesmo quando estes não encontram espaço nos mecanismos tradicionais de formação da opinião pública.

E trabalharemos com a serenidade e a obstinação de quem se esforça todos os dias por um futuro melhor para as pessoas, para as famílias e para o nosso Brasil.

Jair Bolsonaro foi presidente da República do Brasil de 2019 a 2022. Exerceu as funções de deputado federal por sete mandatos consecutivos (1991-2019) e de vereador do Rio de Janeiro (1989-1991).

Adolf Hitler na *Folha*

SÉRGIO DÁVILA

Em uma das inúmeras conversas que tive com Otavio Frias Filho (1957-2018) sobre jornalismo profissional em geral e o da *Folha* especificamente, debatíamos se o jornal publicaria um artigo de Adolf Hitler na sua seção Tendências/Debates.

Criada em 1976 por sugestão do então diretor de Redação, Cláudio Abramo (1923-1987), a seção servia no começo para dar porto seguro a nomes perseguidos pela ditadura militar que havia se instalado no Brasil pelo golpe de Estado de 1964.

Eram tempos de início de abertura política, que evoluiria para o movimento das Diretas Já, liderado na imprensa pela *Folha*, que por sua vez ajudaria a precipitar o fim do regime de exceção, com a eleição de Tancredo Neves em 1985.

"Os artigos publicados com assinatura não traduzem a opinião do jornal. Sua publicação obedece ao propósito de estimular o debate dos problemas brasileiros e mundiais e de refletir as diversas tendências do pensamento contemporâneo."

Dizem os mais antigos que o texto que encima o espaço até hoje foi escrito pelo próprio Abramo. O fato é que T/D, como é chamada internamente, tem sido fiel a seu cabeçalho e abrigado nos últimos cinquenta anos um espectro amplo de ideias, posições políticas e comportamentais, das mais consensuais às mais polêmicas.

Tal intransigência na defesa da liberdade de expressão não vem sem custo para a *Folha*. Em um país com desafios de alfabetização e compreensão de texto como o Brasil, nem sempre é claro para quem lê em qual escaninho da expressão jornalística determinada peça se encaixa. São basicamente cinco avenidas paralelas:

- Os editoriais, a opinião do jornal sobre os mais diversos assuntos, expressa diariamente em dois textos não assinados e produzidos pelo elenco de editorialistas da casa, sob comando do diretor de Opinião, que responde ao diretor de Redação e ao publisher.
- As colunas de opinião, escritas por um elenco de dezenas de pessoas contratadas pelo jornal para isso, uma gama de profissionais de áreas diversas do conhecimento, com visões muitas vezes conflitantes entre si e em relação ao que a *Folha* defende editorialmente.
- As análises, textos de contextualização feitos a quente sobre temas do dia, geralmente por jornalistas da casa com mais experiência e latitude.
- As reportagens, a maior parte dos cerca de duzentos conteúdos produzidos diariamente pela *Folha*, o pilar sobre o qual o jornal se sustenta, em que se tenta, algumas vezes sem sucesso, chegar à versão mais fidedigna de determinado acontecimento ou fato.
- E os textos de opinião externos ao jornal, que compõem a seção Tendências/Debates. São artigos submetidos por pessoas que acreditam ter algo relevante ou original a dizer, entre trinta e quarenta por dia, dos quais apenas dois ou três são considerados publicáveis pelo jornal. O restante é recusado. Excepcionalmente, o editor pode convidar alguém a escrever sobre um tema específico ou oferecer espaço a uma figura pública que tenha sido alvo de denúncias ou ataques, para que possa se defender.

No começo de novembro de 2024, recebi de Fabio Wajngarten, advogado de Jair Bolsonaro, o texto que abre este capítulo. Trazia um título provocador, quase autoritário ("Aceitem a democracia"), e um conteúdo polêmico.

Nele, o ex-presidente, que passou a maior parte de seus quatro anos de mandato na tentativa de minar as instituições, fustigar a imprensa, principalmente jornalistas mulheres, desacreditar a ciência, como no caso do combate à pandemia que matou centenas de milhares no Brasil, agora exortava seus adversários políticos a aceitarem, sim, a democracia.

Ele vinha embalado pelo sucesso nas eleições municipais do mês anterior, em que a direita teve o maior número de prefeitos eleitos desde o ano 2000, e a esquerda, o menor. O PL, partido de Bolsonaro, atingiu seu resultado mais expressivo desde sua fundação.

"O jornal publicaria um artigo de Bolsonaro defendendo a democracia?", perguntou-me Wajngarten.

Pedi tempo para lê-lo, consultei-me com meus colegas e decidimos que sim, dada a nossa jurisprudência de quase meio século, a *Folha* publicaria o artigo. Não havia crime no texto, uma das precondições para que a publicação seja aceita. A relevância do autor era indiscutível — Bolsonaro tinha obtido 58 milhões de votos dois anos antes, perdendo o pleito para Lula por uma diferença de meio ponto percentual.

E não cabe a um jornal impedir que as más ideias circulem — ao contrário, é na luz do dia que elas serão confrontadas e desmascaradas, por contraste terão sua fraqueza revelada. De resto, a *Folha* acredita que o leitor não é um ser indefeso a ser tutelado por uma autoridade maior.

A publicação deixou a esquerda indignada e a direita perplexa, na inversão da famosa frase do ex-presidente Fernando Collor sobre o que pretendia causar após três meses de governo. O texto segue sendo um dos campeões de comentários no site do jornal, com mais de quinhentas manifestações, a maioria absoluta contrária ao artigo.

O timing não ajudou. A peça saiu em 10 de novembro de 2024; duas semanas depois, Bolsonaro seria indiciado pela Polícia Federal pelos crimes de tentativa de golpe de Estado, tentativa de abolição do Estado democrático de direito e organização criminosa. Semanas depois, veio a denúncia da Procuradoria-Geral da República (PGR). Na sequência, o Supremo Tribunal Federal o tornou réu.

Voltando à provocação do início do texto: a T/D publicaria um texto de Adolf Hitler? A conclusão foi que a conjectura era ociosa, uma vez que na Alemanha nazista um jornal como a *Folha* teria sido fechado nas primeiras horas.

Sérgio Dávila é diretor de Redação da *Folha de S.Paulo*. No jornal desde 1993, já atuou como editor da Ilustrada e correspondente nos Estados Unidos. É formado em jornalismo pela Pontifícia Universidade Católica de São Paulo (PUC-SP), com estudos na Universidade de Stanford, como bolsista da Fundação Knight. É autor de *Diário de Bagdá: a guerra do Iraque segundo os bombardeados* (2003, DBA) e *Nova York: antes e depois do atentado* (2001, Geração Editorial). Pela cobertura da Guerra do Iraque, recebeu o Prêmio Esso de Reportagem em 2003. Antes de ingressar na *Folha*, trabalhou nas revistas *Veja São Paulo* e *Playboy*.

Transição para a democracia

Desafios da Presidência

Desafios da segurança pública e do Judiciário

Desafios da desigualdade e da economia

Desafios da inclusão

Desafios do desenvolvimento sustentável

Democracia em disputa

Democracia ameaçada

ALEXANDRE DE MORAES § OSCAR VILHENA VIEIRA

Justiça diante de novos impasses

Doze anos antes de ser eleito ministro do Supremo Tribunal Federal, Alexandre de Moraes escreveu um artigo em que defendia a necessidade de uma ética institucional firme para garantir que o Judiciário se consolidasse como um dos pilares da democracia. Para isso, argumentava, seria essencial fortalecer os mecanismos de controle e assegurar maior transparência nas estruturas do sistema de Justiça.

Na mesma direção, o professor de direito Oscar Vilhena Vieira nos lembra que a prática do nepotismo remonta a tempos coloniais e tem raízes profundas na história institucional brasileira. As reflexões mostram como as resistências internas às mudanças ainda impedem que o sistema de Justiça avance na direção de um funcionamento mais republicano.

Veto ao nepotismo

ALEXANDRE DE MORAES 21 DE OUTUBRO DE 2005

O amadurecimento democrático brasileiro vem permitindo que tradicionais problemas na administração pública, no âmbito dos três Poderes, possam ser discutidos sob o prisma do interesse público e visando atender aos reclamos éticos da sociedade para que se possa expurgar práticas prejudiciais à nação — apesar de históricas —, aprimorando os mecanismos de controle em relação àqueles que exercem importantes funções no país.

O Conselho Nacional de Justiça analisou e decidiu pela ampliação da vedação do nepotismo no Judiciário, que, em âmbito federal, remonta a 1996, bem como é prevista em alguns estados da federação, entendendo que a impossibilidade de nomeação de parentes de magistrados, sem concurso público, deriva diretamente da Constituição Federal, em especial dos princípios da moralidade e da impessoalidade.

Os agentes públicos devem visar ao interesse público, não à satisfação de seus interesses pessoais ou familiares. A prática do nepotismo é injustificável em nossa realidade, é imoral e fere a ética institucional que deve reger os Poderes de Estado, por ferir o senso de razoabilidade da comunidade a utilização de cargos públicos para o favorecimento familiar e para a garantia de empregabilidade doméstica.

A única interpretação possível em relação ao nepotismo deve consagrar a supremacia da Constituição e de seus princípios, afastando qualquer possibilidade de nomeação em cargos em comissão, sem concurso público, de parentes de magistrados, pois o texto constitucional está condicionado pela realidade histórica, não podendo se distanciar da realidade política e social de nosso tempo, afrontando a ética da sociedade e ignorando os valores morais dos indivíduos, sob pena de perda de legitimidade daqueles que têm a missão de gerir os interesses do Estado.

A defesa da moralidade administrativa está intimamente ligada à ideia de proteção à probidade na administração pública, dever inerente de todos os agentes políticos, não bastando somente o cumprimento da estrita legalidade. É preciso também que se tenha a integral observância dos preceitos morais e éticos de razoabilidade e justiça, pois a moralidade constitui pressuposto de validade de todo ato do poder público.

O Conselho Nacional de Justiça, ao exercer sua função constitucional, não se restringe somente ao exame da legalidade. Deve observar também a legitimidade das condutas do Judiciário e sua conformação com os textos constitucional e legais, além de sua adequação com a moral administrativa e com o interesse coletivo.

Os poderes públicos devem observar o senso comum de honestidade, retidão, equilíbrio, justiça e ética das instituições em todas as suas condutas, inexistindo a possibilidade de nomeação, sem concurso público, de cônjuges, companheiros e parentes, bem como inexistindo direito adquirido ou ato jurídico perfeito a cargos em comissão cujas nomeações e investiduras anteriores, por serem precárias, desrespeitaram flagrantemente as normas constitucionais.

Como justificar que o nepotismo fere a Constituição e que, no entanto, aqueles que já estão nomeados, com claro desrespeito à moralidade e à impessoalidade, possam ser favorecidos, permanecendo em seus cargos?

Impossível afirmar que uma nomeação para cargo em comissão com a prática de nepotismo e, portanto, com cristalino desrespeito ético e legal, seja definitivamente consolidada, pois o que deve prevalecer é o texto constitucional, desrespeitado pela investidura dos cônjuges e parentes próximos de agentes públicos. Portanto, em noventa dias, no máximo, todos os servidores em situação de nepotismo deverão ser exonerados de seus cargos.

Não é razoável entender que o nepotismo respeita os princípios da administração pública. Não é razoável entender que o nepotismo não configura desrespeito aos princípios de impessoalidade e moralidade. Não é razoável entender que o nepotismo é permitido, ignorando o senso ético e moral da sociedade.

A Constituição veda a prática do nepotismo. O CNJ cumpriu sua função constitucional de zelar pela fiel observância dos princípios da administração pública no Judiciário e, consequentemente, determinou a vedação — salvo se servidor ocupante de cargo de provimento efetivo do Judiciário por concurso público — de nomeação para cargos em comissão ou designação para funções de confiança de parentes de magistrados, inclusive em relação ao denominado "nepotismo cruzado" (prática pela qual há trocas de nomeações de cônjuges ou parentes de magistrados em gabinetes recíprocos).

Essa importante medida contou com apoio da esmagadora maioria dos membros do Judiciário e das principais associações de classe dos magistrados trabalhistas, estaduais e federais, mostrando que a sociedade brasileira pode ter confiança e real esperança de aperfeiçoamento de nossa Justiça e no bom senso e retidão de nossos juízes.

Alexandre de Moraes é ministro do Supremo Tribunal Federal (STF), jurista e professor. Foi ministro da Justiça (2016-2017), secretário estadual de Segurança Pública de São Paulo (2015-2016), secretário estadual de Justiça de São Paulo (2002-2005), secretário municipal de Transportes de São Paulo (2007-2010) e promotor de Justiça (1991-2002).

Patrimonialismo ganha novas faces

OSCAR VILHENA VIEIRA

"No Brasil, ou se governa com a família ou se governa contra a família." Essa frase do anedotário político brasileiro dá uma dimensão da profundidade alcançada pelo nepotismo, como uma expressão do patrimonialismo, na formação do estamento burocrático brasileiro.

O termo nepotismo tem raízes medievais e designava originalmente a prática papal de nomear "sobrinhos" para postos e sinecuras eclesiais. Como explica Raymundo Faoro em seu clássico *Os donos do poder* (1958, Editora Globo), o modelo de colonização extrativista, ao qual o Brasil foi submetido, baseou-se em parcerias entre a Coroa e agentes privados, que recebiam concessões, cargos administrativos ou postos judiciais para exercer funções públicas, em troca da extração de benefícios privados dessas atividades.

Esses agentes privados se organizavam, sobretudo, por meio da família. Nas palavras de Gilberto Freyre, "a família é o grande fator colonizador no Brasil". Dessa forma, os filhos, sobrinhos e agregados dos senhores ungidos pela Coroa foram constituindo nosso estamento burocrático e zelando pela consolidação de seus privilégios.

Embora os concursos públicos, que passaram a ser realizados para alguns postos da administração pública a partir dos anos 1930, tenham sido um esforço modernizador para mitigar os malefícios do nepotismo, a força e as diversas estratégias de legalização do patrimonialismo nunca cessaram.

A criação do Conselho Nacional de Justiça (CNJ), em 2004, teve, entre seus objetivos fundamentais, enfrentar as múltiplas facetas do patrimonialismo e do nepotismo no âmbito do Judiciário. É nesse contexto que se insere o importante artigo do ministro Alexandre de Moraes, escrito em 2005, quando compôs a primeira formação do CNJ.

Embora a Constituição de 1988 tenha estabelecido a "moralidade" e a "impessoalidade" como princípios que regem todas as esferas da administração pública, além de reforçar a obrigatoriedade do concurso para a magistratura, muitos cargos da crescente burocracia judicial permaneceram carentes de provimento discricionário por aqueles que comandam os tribunais. Esse é o espaço de sobrevivência do velho nepotismo atacado por Moraes no artigo.

Se avançamos desde a Resolução nº 7 do CNJ (2005) ou da Súmula nº 13 do STF (2008), definindo e proibindo as formas mais elementares de nepotismo, o patrimonialismo estamental brasileiro continuou se expandindo e se reinventando, como aponta Bruno Carazza em seu impressionante *O país dos privilégios* (2024, Companhia das Letras).

Múltiplas são as formas de sobrevivência do patrimonialismo e do nepotismo no Judiciário. As mais conhecidas estão relacionadas com a percepção de subsídios acima do teto estabelecido pela própria Constituição, por meio de leis, resoluções e decisões judiciais.

Como salienta o ministro, esses atos espúrios não poderiam ser convertidos em "direitos adquiridos" ou "atos jurídicos perfeitos". A principal arma do patrimonialismo praticado pelos estamentos jurídicos brasileiros, no entanto, é sua capacidade de revestir com o manto da legalidade atos explícitos de "extrativismo institucional", para empregar a expressão cunhada por Daron Acemoglu e James A. Robinson em *Por que as nações fracassam* (2022, Intrínseca).

O nepotismo também evoluiu para formas mais sofisticadas, que transcendem a simples nomeação de um sobrinho no gabinete ao lado, em troca do acolhimento da nora do desembargador vizinho. Hoje assistimos à ação de redes de agentes jurídicos com acesso direto a gabinetes, ameaçando a impessoalidade, a integridade e a imparcialidade do Judiciário.

O fato é que a Justiça brasileira cresceu enormemente nas últimas décadas. Tanto em tamanho como na importância dos interesses submetidos à sua apreciação. São 91 tribunais, mais de 18 mil juízes e 275 mil servidores, que cuidam de cerca de 80 milhões de processos por ano, segundo o relatório Justiça em Números, do CNJ.

As rendas gordas dessa burocracia são disputadas pelos estamentos jurídicos, assim como os valores sub judice são objeto de cobiça dos diversos setores, tanto privados como públicos — basta olhar para quem são os principais litigantes no Brasil.

O sistema de Justiça brasileiro tem tido um papel fundamental na defesa da democracia e dos direitos, nas últimas décadas. O principal desafio do CNJ, nesse momento, é combater as novas formas de nepotismo e patrimonialismo, que corroem a integridade e imparcialidade da Justiça, fragilizando sua autoridade.

Oscar Vilhena Vieira é diretor e professor da Escola de Direito da Fundação Getulio Vargas (FGV Direito SP). É mestre em direito pela Universidade de Columbia e doutor em ciência política pela Universidade de São Paulo (USP), com pós-doutorado pela Universidade de Oxford. É autor de livros como *A batalha dos poderes* (2018, Companhia das Letras) e *Constituição e sua reserva de justiça* (2023, Martins Fontes).

ELOÍSA MACHADO DE ALMEIDA § CONRADO HÜBNER MENDES

Supremo em foco

Como instituição-chave no arranjo constitucional de 1988, o Supremo Tribunal Federal tem exercido um protagonismo ambíguo na história recente do país, marcado por afirmações pontuais de autoridade, silêncios estratégicos e decisões envoltas em controvérsia.

Os professores de direito Eloísa Machado de Almeida e Conrado Hübner Mendes examinam criticamente essas ambivalências. Em 2021, no auge da pandemia de covid-19 e sob ataques sistemáticos à Corte, Eloísa defendeu a atuação do Supremo como contrapeso essencial diante da ameaça de degradação democrática, sem, no entanto, eximi-lo de responsabilidades. Na sequência, Hübner Mendes expõe as patologias institucionais do Supremo, que comprometem a sua missão constitucional e fragilizam a sua legitimidade. É o paradoxo de uma instituição que oscila entre os princípios que a fundamentam e as práticas que a definem.

Instituições devem acionar o freio na ladeira abaixo do governo

ELOÍSA MACHADO DE ALMEIDA — 7 DE SETEMBRO DE 2021

O Supremo Tribunal Federal tem sido alvo de protestos e ataques por parte do presidente Jair Bolsonaro e de seus apoiadores desde o início de seu mandato, em 1º de janeiro de 2019.

Ainda nos primeiros meses de governo, o presidente Jair Bolsonaro publicou texto culpando o Congresso Nacional e o tribunal por não conseguir governar; atos e manifestações se insuflaram pedindo o fechamento do tribunal; algumas manifestações enforcaram bonecos como se ministros fossem.

Desde então — e lá se vão dois anos e meio —, a intensidade de ataques contra o tribunal e seus ministros apenas aumentou, e as tentativas de diálogo foram todas em vão. Ainda que Bolsonaro procure culpar o Supremo pelo seu sofrível desempenho, é incorreto e inverídico afirmar que o Supremo inviabilizou a agenda do governo.

Já em 2019, primeiro ano de mandato presidencial, vários atos do governo Bolsonaro foram contestados perante o Supremo, sobretudo por partidos políticos de oposição.

Sucessivos decretos de ampliação de porte de armas, medidas de desmonte de políticas públicas indígenas, de gênero, raciais e ambientais, ataques às universidades públicas, foram alguns dos temas levados ao tribunal durante aquele primeiro ano de mandato de Bolsonaro, sem que houvesse muitas decisões (liminares ou definitivas) suspendendo atos do governo.

Mesmo assim, o governo seguia culpando o Supremo por não poder governar.

Em 2020, o Supremo passou a controlar mais efetivamente os atos do governo Bolsonaro por meio de decisões judiciais, sobretudo no âmbito de ações que contestaram as omissões e os atos do governo na condução da pandemia de covid-19 no país.

As mais relevantes delas reafirmaram competências das instâncias subnacionais na adoção de medidas de controle sanitário, já previstas na Constituição e nas leis específicas sobre emergência sanitária, e determinaram prazos para a criação, publicação e execução de um plano nacional de imunização, obrigação também prevista em lei. Além de seguir culpando o Supremo, o presidente Bolsonaro passou a desvirtuar o conteúdo das decisões.

Este ano de 2021 segue marcado por decisões relativas à pandemia de covid-19 e seus efeitos em outras políticas de renda, educação e segurança.

Já é possível constatar uma explosão de litigiosidade contra atos do governo Bolsonaro, explicada sobretudo pela intensidade e amplitude dos ataques à Constituição e às instituições, e um aumento do controle exercido pelo Supremo.

Porém, seja pela natureza dos atos questionados (em sua maior parte infralegais, o que criaria entraves à avaliação pelo Supremo), seja pela quantidade, a maior parte das ações propostas contra atos do governo Bolsonaro segue sem decisões, com exceção às ações sobre covid-19.

Há outra frente de atuação do Supremo em relação a interesses de Bolsonaro, que não se refere a atos de governo, mas sim a investigações criminais. Existem dois inquéritos em curso: um investiga a disseminação massiva e estruturada de fake news, inclusive contra a integridade das eleições, e outro investiga atos antidemocráticos.

Nesses inquéritos, apoiadores do governo Bolsonaro têm sido alvo de medidas cautelares por atentarem contra a ordem democrática e o Estado de Direito, crime inafiançável e imprescritível nos termos da Constituição.

Aqui, as críticas à condução do inquérito geraram uma resposta do tribunal e adequação de seus termos: o atual cenário institucional, a imperiosidade de controle dos atos do governo e as balizas jurídicas estabelecidas em plenário foram suficientes para superar eventuais vícios.

Afinal, já não restam dúvidas de que estamos diante de um governo anticonstitucional. Pode-se afirmar que a degradação democrática, com essa amplitude e profundidade, não ocorreria sem que outras instituições colaborassem, com suas omissões, alinhamentos e renitências.

Se há uma crítica que pode ser feita ao Supremo, ela se dá nesta perspectiva: os ataques à Constituição feitos por Bolsonaro mereceriam mais e contundentes respostas.

Analisando em perspectiva, a agenda de moralização da política dos últimos anos desgastou o tribunal para o tamanho do desafio que viria encontrar em 2019.

A resistência em admitir a gravidade do cenário fez com que algumas respostas não viessem, ou viessem tardiamente, talvez na tentativa de conciliar a imagem de um tribunal independente em um governo autocrático.

Porém nenhuma crítica afasta a importância do Supremo.

Estaríamos em muito pior cenário sem as decisões que bloquearam medidas de espionagem contra professores e opositores políticos, que permitiram debates em universidades, que impediram o acesso do governo aos dados pessoais, bem como as que exigiram medidas de proteção aos povos indígenas, aquisição de vacinas, suspensão de propaganda a favor da pandemia, entre muitas outras, de hoje e de ontem.

Além desses e de outros temas que persistem na agenda do tribunal, o desafio que se impõe agora ao Supremo é a continuidade de um projeto democrático, solidário e justo de país designado pela Constituição de 1988.

Na ladeira abaixo em que o governo Bolsonaro colocou o país, as instituições incumbidas de controle precisam acionar os freios. Isso significa bloquear rapidamente medidas inconstitucionais, investigar e punir aqueles que atentam contra o Estado de Direito e as instituições democráticas. Há saídas institucionais para o governo inconstitucional, e o Supremo é imprescindível em todas elas.

Eloísa Machado de Almeida é professora da Fundação Getulio Vargas (FGV Direito SP), com doutorado em direitos humanos pela Faculdade de Direito da Universidade de São Paulo (USP). É coordenadora do Supremo em Pauta, grupo de pesquisa que analisa o funcionamento e as decisões do Supremo Tribunal Federal (STF). Foi reconhecida como Outstanding International Woman Lawyer (2018-2019) pela International Bar Association.

Resistência do STF a Bolsonaro não foi heroica

CONRADO HÜBNER MENDES

Analisar e avaliar o perfil do STF ao longo das últimas décadas exige método e olhar desconfiado diante do que se encontra à primeira vista, pois o tribunal desenvolveu um repertório próprio para praticar a máxima "juízes não fazem o que dizem nem dizem o que fazem". Construiu o seu ilusionismo particular.

Por isso, algumas cautelas de análise são importantes. Primeiro, entender que o STF construiu, disfarçadamente, um poder de não decidir ao lado de seu poder de decidir. E seu critério para o exercício de um e outro não está escrito.

Segundo, a avaliação do desempenho do tribunal não pode se limitar a considerar um apanhado de decisões corretas na defesa de direitos e liberdades. Pois ao lado das decisões que apreciamos, há uma quantidade de decisões trágicas para o país. A chancela ao crescimento da jurisdição da Justiça militar e o esvaziamento da Justiça do trabalho são exemplos recentes. Portanto, não se pode descrever a imagem do STF apenas listando um cânone cor-de-rosa de decisões das quais gostamos. Há um anticânone.

Terceiro, não importa só o que o STF decide ou deixa de decidir, importa muito como o faz. Os seus modos são parte fundamental da construção de sua autoridade e legitimidade, na capacidade de se fazer respeitar e obedecer no difícil exercício de proteger a Constituição. Também por isso, é fundamental distinguir a instituição STF dos ministros que o compõem. A crítica à conduta de ministros do STF se presta à defesa da instituição do STF, que não tem apenas inimigos externos, mas também inimigos íntimos.

A marca principal da identidade do STF contemporâneo é o seu individualismo, que se manifesta num conjunto de costumes e poderes de ministros. Mesmo quando toma uma decisão colegiada, num acórdão, conjuga a primeira pessoa do singular e recusa a coautoria e a redação de decisões supraindividuais. Na falta de colegialidade, não consegue, nem tem interesse, em construir genuína jurisprudência. Prefere o conforto do excepcionalismo, do "cada caso é um caso".

Além do individualismo quando decide coletivamente, há o individualismo do decidir sozinho, cada ministro com seu poder monocrático, por meio de liminares e pedidos de vista que boicotam o plenário. Esses instrumentos entregam a cada ministro um enorme poder de obstrução. As urgências da agenda constitucional do país ficam a critério de cada ministro.

Nesse sentido, é um tribunal arbitrário no tempo e no procedimento: decide o que quer, quando quer e como quer, sem maiores prestações de contas.

Por fim, na última década aprofundaram-se dramaticamente as violações elementares de ética judicial, normalizou-se um sem-número de práticas de confusão do público com o privado, aboliu-se a noção de conflito de interesses, de imparcialidade objetiva, e rendeu-se a práticas de lobby e familismo (favorecimentos a parentes advogados), além de se frequentar socialmente o poder político e o poder corporativo. Em suma, promiscuidade.

São facetas de uma patologia central: o quase abandono da institucionalidade e a sua redução à soma de comportamentos individuais desordenados. O STF não é um tribunal falando por todos os ministros, mas onze ministros, individualmente, falando por todo o tribunal. Não tem a virtude do "um por todos", mas o vício do "todos por um".

Essa patologia tem consequências de duas ordens: uma política e outra jurídica. Em vez de ser um guardião entrincheirado, é um guardião acanhado, que late mais do que morde; em vez de jurisprudência constitucional, produz decisões de conjuntura, que flutuam ao sabor de variáveis extrajurídicas; em vez de solidificar e estabilizar significados da Constituição numa linha coerente de decisões, e assim proteger liberdades contra arbitrariedades, deixa significados estrategicamente em aberto para a próxima ocasião. Olhemos, por exemplo, para as suas múltiplas oscilações sobre o foro privilegiado na última década.

Levando esses traços de identidade em conta, não foi uma surpresa observar que o enfrentamento desse tribunal ao projeto autocrático do governo Bolsonaro foi ambivalente. Ao lado de um conjunto de decisões relevantes para possibilitar alguma política pública racional contra a pandemia, e mais tarde adotar uma agenda de investigação criminal dos sucessivos crimes contra a democracia, o STF também deixou de decidir ou atrasou injustificavelmente a apreciação de matérias fundamentais relativas à proteção de direitos. Casos de proteção ao meio ambiente e a comunidades indígenas, assim como o intensivo armamento do país por meio de violação infralegal à lei do Estatuto do Desarmamento, são os exemplos mais gritantes.

O texto de Eloísa Machado aponta de modo preciso essa ambiguidade. Se por um lado muitos assuntos "mereceriam mais e contundentes respostas", por outro lado não há como negar o papel importante desempenhado pelo tribunal no período.

Resta a angústia sobre o futuro: que autoridade terá esse tribunal — que não resiste ao individualismo desagregador e à promiscuidade — para promover um projeto, nas palavras da autora, "democrático, solidário e justo"?

O projeto autocrático não foi interrompido, só perdeu momentaneamente a presidência da República. O STF foi importante, mas não fez mais que a sua obrigação constitucional. Para que possa enfrentar o autoritarismo político e o patrimonialismo corporativo, precisaria fazer mais e melhor. Ainda não temos esse tribunal.

Conrado Hübner Mendes é professor na Faculdade de Direito da Universidade de São Paulo (USP), com doutorados em ciência política pela USP e em direito pela Universidade de Edimburgo. Foi fellow na Universidade de Oxford, na Universidade de Humboldt e na Universidade de Nova York, entre outras instituições. É autor dos livros *Controle de constitucionalidade e democracia* (2007, Elsevier) e *Constitutional courts and deliberative democracy* (2013, Oxford University Press), com o qual recebeu o Prêmio Victor Nunes Leal da Associação Brasileira de Ciência Política (ABCP). É colunista da *Folha de S.Paulo* desde 2019.

MARCELO COELHO § LUIS FELIPE MIGUEL

O mensalão e suas contradições

O mensalão foi mais do que um escândalo de corrupção ou um processo judicial, foi um espetáculo nacional que expôs as contradições da democracia brasileira. O jornalista Marcelo Coelho, premiado pelo acompanhamento minucioso de cada sessão do STF sobre o caso, e o cientista político Luis Felipe Miguel oferecem leituras que dialogam a partir de perspectivas distintas.

Em artigo de 2014, Coelho dissecou as ambiguidades jurídicas e políticas do episódio. Mais de uma década depois, Miguel avalia o julgamento como um movimento estratégico para conter um governo que ameaçava desestabilizar a ordem vigente. Os dois textos não apenas examinam as decisões do tribunal, mas realizam uma biópsia crítica de um dos momentos mais controversos da Nova República.

Contas feitas

MARCELO COELHO — 15 DE MARÇO DE 2014

Para quem esperava penas rigorosíssimas, de preferência a cadeira elétrica para os principais acusados, o final do julgamento do mensalão foi um bocado decepcionante, ou ao menos anticlimático.

Verdade que as decisões recentes do Supremo Tribunal Federal (inocentando José Dirceu do crime de quadrilha e livrando João Paulo Cunha do de lavagem de dinheiro) não podem ser consideradas absurdas.

Deixemos de lado a polêmica, já bastante explorada, do conceito de "quadrilha" — no qual o senso comum e a definição jurídica parecem ir em direções opostas. Não é despropositado dizer que, quando a mulher de um corrupto saca o dinheiro da corrupção no banco e o leva para casa, seria forçado considerar que houve lavagem.

Com paciência, o ministro Marco Aurélio Mello leu o texto que define o crime. Trata-se de "ocultar ou dissimular a natureza, origem, localização, disposição, movimentação ou propriedade" do dinheiro ou dos bens resultantes de atividade criminosa. João Paulo Cunha não elaborou nenhuma ficção, do tipo bilhete premiado na loteria, para justificar seus proventos. Simplesmente abocanhou-os, com a intermediação da própria esposa.

O plenário, graças à nova maioria composta por Teori Zavascki e Luís Roberto Barroso, aceitou as teses da defesa. Nada de especial a reclamar quanto a isso.

Do mesmo modo que muita gente reclama da brandura dos novos ministros, no campo oposto existe quem continua afirmando que todo o julgamento foi político, e que José Dirceu, José Genoino e Henrique Pizzolato nada fizeram de errado.

No fundo, a primeira lição que se tira de todo o processo é que tudo depende, sempre, do entendimento de cada juiz. Há quem se convença e quem não se convença das provas apresentadas contra José Dirceu. Foram suficientes para alguns, não foram para outros.

O que não dá para acreditar é na tese de que o STF "inventou" teorias novas para condenar esses acusados em particular. A famosa tese do "domínio do fato" não foi um expediente para condenar José Dirceu sem provas.

Houve provas, só que não tão fortes como uma gravação telefônica ou uma filmagem com câmara escondida. Testemunhas confirmaram o papel de Dirceu no esquema, confirmou-se a existência de reuniões entre Dirceu e Marcos Valério.

Podem não ter sido para tratar de nenhum crime, podem ter sido apenas para conversar sobre o mundo. Mas o célebre princípio da "presunção de inocência" tem seus limites — um deles é o grau de credulidade ou de burrice do juiz encarregado de examinar o caso.

Por outro lado, o Ministério Público deixou passar os favores recebidos pela ex-esposa de José Dirceu, que seriam capazes de embasar uma condenação do ex-ministro por outro crime, o de corrupção passiva.

Julgamento "político"? Como dizer isso, se Luiz Gushiken foi inocentado e se Lula nem sequer foi acusado pelo Ministério Público?

Feitas as contas, mesmo os ministros mais favoráveis aos acusados foram capazes de condenar Pizzolato e Genoino. Feitas as contas, foram altíssimas as penas contra alguns acusados, em especial os banqueiros. Feitas as contas, e esta é uma última surpresa para tantos que acompanharam o julgamento, mesmo quem amargou vinte e tantos anos de prisão pode livrar-se em pouco tempo.

Entende-se, assim, a vontade punitiva de Joaquim Barbosa e outros que seguiram na sua linha. Há tantos meios de diminuir o tempo de cadeia que a severidade de seus julgamentos resulta mais aparente do que real.

Não poderia ser muito diferente. Tudo nesse julgamento — queiramos ou não — foi feito de acordo com a lei, e com as interpretações que os ministros têm o dever e o direito de seguir.

Foi pela lei que o julgamento demorou absurdamente. Foi pela lei que se deu o paradoxo de um mesmo tribunal ser encarregado de fazer a revisão dos próprios julgamentos (o caso dos embargos infringentes). Foi pela lei — pelas muitas leis — que as penas para corrupção terminam menos graves do que as de lavagem de dinheiro.

Pressão da "mídia conservadora"? Quem reclama disso ignora voluntariamente a tese contrária, segundo a qual Barroso e Zavascki foram sensíveis à pressão de quem os nomeou. Partes da opinião pública pressionaram claramente Celso de Mello para que ele não aceitasse os últimos recursos da defesa. Ele — que queria a condenação dos envolvidos por quadrilha — aceitou os embargos infringentes, que inocentaram os mensaleiros dessa acusação.

A Justiça, com falhas e erros, funcionou. Nenhum dos ministros estará plenamente contente com o resultado a que se chegou no plenário; bom sinal.

Funcionará no futuro? O julgamento servirá para alguma coisa? Pessoalmente, tenho muitas dúvidas. Mas a sociedade mudou suas expectativas com relação ao papel do Supremo; de algum modo, concordando ou não com o veredito, entendeu-se mais sua importância, sua lógica própria, sua independência.

Marcelo Coelho é jornalista e mestre em sociologia pela Universidade de São Paulo (USP). Trabalhou na *Folha de S.Paulo* de 1984 a 2022 como colunista e editorialista. É autor de *Jantando com Melvin* (1998, Imago) e *Crítica cultural: teoria e prática* (2006, Publifolha). Ganhou o Grande Prêmio Folha de Jornalismo (2012) pela cobertura das 53 sessões do julgamento do mensalão.

O julgamento do mensalão e os limites da competição política no Brasil

LUIS FELIPE MIGUEL

A eleição de Lula em 2002 marcou tanto a força quanto os limites da jovem democracia brasileira: um partido considerado radical alcançou o poder pelo voto, mas, para chegar lá, precisou sinalizar muitas garantias às classes dominantes. A "Carta ao Povo Brasileiro", prometendo manter a política macroeconômica vigente, foi o marco desse processo. O PT sinalizava, em especial, a disposição de desmobilizar suas bases, a fim de reduzir a pressão por transformações mais radicais no padrão histórico de exclusão, desigualdade e violência social que caracteriza o Brasil.

Sob essas circunstâncias, sem maioria no Congresso, cabia ao novo governo encontrar o caminho para aprovar as medidas de que precisava. Miro Teixeira, que integrou o primeiro ministério de Lula como ministro das Comunicações, relatou que se discutiu se a sustentação parlamentar passaria por negociação programática ou, como disse eufemisticamente, "por orçamentos". Venceu a segunda opção, isto é, o loteamento do Estado entre a elite política predatória, em troca de apoio, que se tornara padrão na Nova República e que a ciência política batizou com o simpático nome de "presidencialismo de coalizão".

A crise do mensalão mostrou que, para os petistas, fazer aquilo que todos faziam antes tinha um ônus maior. A mesma imprensa corporativa que incentivara o partido a se adequar às práticas políticas vigentes, estigmatizando as correntes puristas (os "xiitas"), agora se mostrava horrorizada com sua decadência moral. Apesar de toda a prudência, evitando embates e cuidando para não mexer com privilégios, o governo Lula era visto pela classe dominante brasileira como um estorvo a ser superado — o que diz muito sobre o país com que ela sonha.

O julgamento do mensalão foi em parte escorado em artifícios jurídicos questionáveis — como uma interpretação marota da teoria do domínio do fato, que permitia condenar dirigentes por sua mera posição hierárquica, sem determinar sua responsabilidade efetiva. Foram punidos inocentes e também culpados, mas ficou evidente que o sistema político e o sistema judiciário brasileiro tinham dificuldade de encarar um partido de esquerda, mesmo muitíssimo moderado, no poder. A cúpula petista foi dizimada, ao passo que Fernando Henrique Cardoso tinha feito um dos governos mais sujos da história (privatizações "no limite da irresponsabilidade", como disse na época um operador do PSDB; compra de votos da emenda da reeleição), sem que qualquer de seus assessores mais graduados tenha sido sequer levado aos tribunais, que dirá à prisão.

Lula foi poupado, como registra Marcelo Coelho em sua defesa do julgamento. Era um dos expedientes para esconder o caráter de perseguição política do processo. Envolver Lula ampliaria o risco de que a militância petista, que assistiu inerte a tudo, saísse das cordas. Sobretudo, parecia inútil, já que a expectativa era que o desgaste causado pelo escândalo levasse à derrota em 2006.

Lula bateu Geraldo Alckmin — que ninguém imaginaria que um dia seria seu vice — por larga margem. Mas o governo entendeu o recado do mensalão, entendeu que andava no fio da navalha. Roberto Jefferson foi preso, mas sua bandeira foi vencedora. Com o Executivo acuado, a elite política venal ampliou seu domínio.

A mídia, que em 2002 havia tentado adotar um modelo de imparcialidade ostensiva, pressionando por agendas e não por candidatos, voltou ao furor antipetista, maior a cada eleição. A tabelinha entre imprensa, polícia e Judiciário, testada no mensalão, foi reeditada na Lava Jato, desta vez com o auxílio das máquinas de fake news, que amplificavam e aprofundavam os boatos, meias verdades e falsificações divulgados na TV e nos jornais. O elenco era pior — as figuras provincianas de Sergio Moro e Deltan Dallagnol não eram páreo para o histrionismo de Roberto Jefferson e a teatralidade refletida de Joaquim Barbosa —, mas o golpe de 2016 coroou a Operação de êxito.

O julgamento do mensalão foi um momento-chave na derrocada da democracia brasileira, pavimentando o caminho para a equivalência entre combate às desigualdades e corrupção — o cerne do discurso da nossa extrema direita.

Luis Felipe Miguel é professor titular de ciência política na Universidade de Brasília (UnB), onde coordena o Grupo de Pesquisa sobre Democracia e Desigualdades (Demodê). Tem doutorado em ciências sociais pela Universidade Estadual de Campinas (Unicamp) e é autor de uma vasta obra sobre teoria política, representação política e democracia, incluindo *Marxismo e política: modos de usar* (2024, Boitempo) e *Democracia na periferia capitalista: impasses do Brasil* (2022, Autêntica).

CELSO ROCHA DE BARROS § MARIA TEREZA SADEK

A Lava Jato entre a Justiça e a política

A Operação Lava Jato deixou a descoberto as contradições da democracia brasileira. Os cientistas políticos Celso Rocha de Barros e Maria Tereza Sadek partem do mesmo ponto incontornável: a operação revelou um sistema político corroído por interesses privados. Mas enquanto Rocha de Barros destaca o impacto político e o vazio deixado pela aposta na antipolítica, Sadek examina os custos institucionais e democráticos do processo.

Entre denúncias e desmandos, prisões e arbitrariedades, os autores mostram como a Lava Jato, prometendo passar o país a limpo, acabou por embaralhar ainda mais as fronteiras entre Justiça e política, combate à corrupção e degradação institucional.

Dez anos da Lava Jato

Brasil lidou muito mal com revelações da operação

CELSO ROCHA DE BARROS — 6 DE ABRIL DE 2024

A Operação Lava Jato está fazendo dez anos em 2024. Nada na política brasileira desse período pode ser entendido sem referência a ela.

Hoje é claro que o impeachment de Dilma Rousseff foi feito para parar as investigações da Lava Jato, que já começavam a chegar na direita. A opinião pública parece ter percebido a manobra: em 2018, em vez de votar nos partidos que fizeram o impeachment, votaram no fascista Jair Bolsonaro. No fim, foi Bolsonaro, com a ajuda de seu procurador-geral Augusto Aras, quem matou a Lava Jato. O sistema político pagou Jair pelo serviço não o impichando após o assassinato em massa da pandemia.

A Lava Jato teve legados positivos. O cartel das empreiteiras, que desviou dinheiro do Estado brasileiro por muitas décadas e pagava todas as grandes campanhas eleitorais, foi exposto e denunciado.

Além disso, se não fosse o choque da Lava Jato, o Brasil não teria o financiamento público de campanhas robusto que a reforma política de 2017 criou. Pode haver abusos no tamanho atual do fundo eleitoral, mas o financiamento público, pela primeira vez, tornou a corrupção opcional para os políticos brasileiros. Até 2017, quem não ganhasse grana do cartel não se elegia.

Mas a verdade é que o Brasil lidou muito mal com as revelações da Lava Jato.

Quando as delações apareceram, vimos que todos os principais políticos brasileiros recebiam grana de campanha do cartel, direta ou indiretamente. Deveríamos ter nos perguntado: que falha no sistema fez com que toda essa gente, com ideologias, predisposições morais e trajetórias de vida tão diferentes, se corrompesse do mesmo jeito? Como podemos corrigir essas falhas?

Em vez disso, abraçamos a antipolítica, mas não a dos anarquistas de 2013. Os "antipolíticos" de Bolsonaro defendiam quem sempre mandou e roubou no Brasil. Jogam a culpa por todos os nossos problemas nas conquistas democráticas que, no fim das contas, possibilitaram o surgimento da Lava Jato.

No começo da operação, o cientista político Bruno W. Reis alertava para o risco de a Lava Jato serrar o galho em que estava sentada, o Estado de Direito brasileiro. Nada simboliza isso melhor do que as duas faces públicas da operação, o juiz Sergio Moro e o procurador Deltan Dallagnol, apoiando Bolsonaro em 2022. Foi o ponto mais baixo de carreiras políticas que, hoje é claro, começaram antes do abandono da toga.

No julgamento de Lula, Moro e Dallagnol venderam a ideia de que os partidos que ganhavam a Presidência — o PT, mas, por dedução, também o PSDB — eram os chefes dos esquemas de corrupção que geriam quando eram governo, mesmo se os esquemas sobrevivessem sem eles quando passavam para a oposição.

Hoje a turma que estava em todos os escândalos — porque nunca foi oposição — reina absoluta. O centrão foi o grande vencedor da Lava Jato. Prender seus quadros gerava menos manchete, dava menos voto para o juiz que prendesse, e eles eram muito mais gente.

Já que o centrão ainda não consegue conquistar a Presidência, vem transferindo controle de parcelas cada vez maiores do Orçamento para o Congresso.

Longe de mim sugerir que havia uma solução fácil e satisfatória para lidar com as revelações da Lava Jato no Brasil de 2014. Mas talvez não precisássemos ter virado na curva errada todas as vezes.

Celso Rocha de Barros é cientista político com doutorado em sociologia pela Universidade de Oxford. Autor de *PT, uma história* (2022, Companhia das Letras), é servidor federal e colunista da *Folha de S.Paulo* desde 2015.

Prevenção é mais eficaz do que punições midiáticas

MARIA TEREZA SADEK

A Operação Lava Jato é um divisor de águas na história do país. Marcou profundamente os rumos posteriores a 2013 e 2014. Não se tratava da primeira vez que eventos de corrupção vieram à tona, despertando a atenção de políticos, do sistema de Justiça, de acadêmicos, de parcelas da população e da mídia.

Essa operação, contudo, se distinguiu por sua magnitude, expressa no número de investigações, na quantidade de denunciados, na abrangência, na multiplicação de prisões, nas delações, nos julgamentos, no grau de apoio da opinião pública, no espaço ocupado em jornais, revistas, televisão, rádio, redes sociais, enfim na agenda pública.

Seus impactos provocaram mudanças no Executivo, no Legislativo, no Judiciário, no equilíbrio entre os Poderes, nos órgãos de controle, no financiamento de campanhas eleitorais, nas organizações da sociedade civil, nas percepções sobre a política e a democracia.

É extremamente importante recordar o que se passou desde o início — operação marcada pelos altos graus de apoio e de prestígio, passando pelos descalabros e finalmente pelo seu desmonte. Essa trajetória pode ajudar a buscar respostas para a pergunta crucial formulada por Rocha Barros: que falhas no sistema permitiram que políticos e empresários, com ideologias, valores morais e trajetórias de vida tão distintas, acabassem se corrompendo da mesma maneira?

Dificilmente chegaremos a respostas definitivas ou mesmo teremos êxito na construção de antídotos contra a corrupção. O que sim, parece possível, é escapar de certo determinismo unicausal e de uma concepção segundo a qual a corrupção seria um traço intrínseco à formação do país como nação e, portanto, inescapável. A literatura especializada nacional e internacional já demonstrou que certas construções institucionais são mais vulneráveis a práticas ilícitas. Nesse sentido, o sistema presidencialista com representação proporcional, a baixa autonomia dos órgãos de controle e o gigantismo do Estado ofereceriam mais oportunidades para desvios.

A despeito desses constrangimentos, os caminhos eram múltiplos. As forças políticas, sociais e judiciais acabaram optando pela alternativa mais perigosa. Gerou-se insegurança jurídica (decisões no primeiro e segundo graus inicialmente aprovadas pelo STF e depois desfeitas); o desrespeito ao devido processo legal; interpretações heterodoxas; a simbiose entre juiz, promotor e polícia federal; a conversão desses atores em heróis. As consequências se manifestaram nos graus de qualidade da democracia, na descrença na classe política, na percepção de uma Justiça subordinada a interesses político-partidários; no desprestígio do Judiciário, no enfraquecimento do Estado de Direito.

O Estado de Direito impõe regras. A desobediência a preceitos constitucionais e legais, como a relativização de direitos fundamentais, gera instabilidade e incertezas. Ademais, mudanças nas regras do jogo fortalecem a percepção de que a Justiça não é igual para todos, favorecendo a impunidade de ricos e poderosos. Transformar participantes em salvadores da pátria enfraquece as instituições, abre as portas para personalismos, para voluntarismos, além de dificultar soluções preventivas. A rigor, a Lava Jato repetia os mesmos males da operação italiana Mãos Limpas. Aqui, como lá, acabou dando força a populistas, a discursos antissistema e a falas antidemocráticas, alimentando a corrupção sistêmica.

O desgaste da operação e a anulação das condenações, entretanto, não enterraram a necessidade de um combate efetivo à corrupção e à impunidade. A busca de freios e contrapesos; de controles e de mecanismos que dificultem o uso de bens públicos em proveito privado, de garantias de publicidade, de transparência e de rastreamento de contratos públicos, permanecem como desafio. A prevenção tem se mostrado mais eficaz do que a aposta em punições midiáticas.

Um dos méritos da Lava Jato foi ter propiciado a percepção de que a corrupção não é uma questão que se esgota no juízo moral. A corrupção provoca consequências perniciosas no oferecimento e na utilização de bens como a saúde, a educação, a moradia, a segurança pública, a proteção do meio ambiente. Ademais, ela é favorecida por deficiências na polícia, no Ministério Público, no Poder Judiciário e nas dificuldades de entrosamento entre essas instituições. Brechas nas leis estimulam infindáveis recursos, a lentidão e a ineficácia da Justiça.

A complexidade e a multiplicidade das causas, bem como os interesses favorecidos no quadro atual, dificultam consensos sobre diagnósticos e acordos sobre soluções, retardando respostas orientadas pelos direitos e pelas garantias da cidadania, como a transparência, a publicidade, a proteção do patrimônio público.

Maria Tereza Sadek é professora sênior da Universidade de São Paulo (USP) e diretora de pesquisas do Centro Brasileiro de Estudos e Pesquisas Judiciais (Cebepej), com pós-doutorado na Universidade de Londres. Foi diretora-executiva do Departamento de Pesquisas Judiciárias do Conselho Nacional de Justiça (2016-2018). É autora e organizadora de diversos livros sobre teoria política e sistema de justiça, como *Magistrados: uma imagem em movimento* (2006, FGV) e *O judiciário do nosso tempo* (2021, Globo Livros).

JUREMA WERNECK § CAMILA NUNES DIAS

Violência de Estado

A segurança pública permanece como uma das grandes promessas não cumpridas dos quarenta anos de democracia no Brasil. O país que realizou eleições livres, expandiu direitos e reduziu desigualdades também tem permitido que milhares — em sua maioria, jovens negros e pobres — sejam mortos por agentes do próprio Estado.

Nesse contexto, a execução de Marielle Franco e Anderson Gomes simboliza não só uma tragédia política, mas uma falência institucional. Publicado em 2023, o artigo de Jurema Werneck, da Anistia Internacional no Brasil, mostra por que o Estado falha, silencia e omite.

A socióloga Camila Nunes Dias amplia o campo de visão e demonstra que essa falência não é episódica, mas estrutural, contínua e seletivamente dirigida. Enquanto a ativista dá nome e voz ao trauma, a pesquisadora revela as engrenagens que o sustentam.

Marielle e Anderson: revelações trazem mais perguntas que respostas

Mesmo a eventual solução do caso não anula os cinco anos de inexplicável morosidade

JUREMA WERNECK — 31 DE JULHO DE 2023

O assassinato de Marielle Franco e de seu motorista, Anderson Gomes, no dia 14 de março de 2018, fez ecoar três grandes perguntas: "Quem matou? Quem mandou matar? E por quê?" Sem respostas, as questões semearam dezenas de novas indagações que permanecem há quase 2 mil dias sem as devidas explicações.

Na semana em que Marielle completaria 44 anos, autoridades anunciaram publicamente que a primeira pergunta — "quem matou?" — havia sido oficialmente respondida, rompendo um longo silêncio a respeito de avanços.

A confirmação do envolvimento de Élcio Queiroz e dos então policiais reformados Edimilson Oliveira da Silva, o Macalé, e Ronnie Lessa, além da revelação sobre a participação do ex-bombeiro Maxwell Corrêa (que já havia sido preso por atrapalhar as investigações), foram qualificadas como uma "mudança de patamar" no caso que, agora, segundo as autoridades, ruma para caminhos que prometem levar até os mandantes e à motivação.

Embora seja um passo adiante, a colaboração entre as polícias Federal, Federal Penal e o Ministério Público do Rio de Janeiro foi capaz de responder a apenas uma — a primeiríssima — das dezenas de perguntas levantadas. Suscita também mais questões, como: qual a razão de a PF ter produzido, em menos de um ano, mais resultados do que a Polícia Civil do Rio em quatro? Quem são os responsáveis por isso? Denúncias de interferências indevidas nas investigações permanecem sem os devidos esclarecimentos.

O Estado brasileiro deve proporcionar meios para que vítimas de graves violações de direitos humanos e seus familiares participem ativamente das investigações e sejam informados previamente das movimentações. Foi o que determinou, em 2017, a Corte Interamericana de Direitos Humanos (Corte IDH) na condenação do Brasil por chacinas e outros crimes violentos praticados por policiais na favela Nova Brasília, no Rio, em 1994 e 1995. Isso quer dizer que, também no caso Marielle, os familiares têm o direito de, no mínimo, terem informação a respeito de fatos novos antes de eventuais anúncios públicos — direito que foi violado por cinco anos, até a decisão do Superior Tribunal de Justiça, em abril de 2023.

Os assassinatos da vereadora e de seu motorista demonstram ainda que aqueles que têm o dever de controlar o bom funcionamento das polícias vêm falhando. E essas falhas têm graves consequências. Entre os executores conhecidos, estão dois PMs reformados e um ex-bombeiro. A morte de Marielle e Anderson teve como instrumento uma arma do Batalhão de Operações Especiais da Polícia Militar (Bope), do Rio de Janeiro. O Estado tem por obrigação exercer o controle participativo da atividade de suas polícias por meio do Ministério Público. A inoperância do órgão resulta na dor das vítimas de forças públicas.

Mesmo a eventual solução do caso não anula os cinco anos de inexplicável morosidade. Existem, com toda a certeza, responsáveis por isso. Quem são? A quem protegem? Por quem são protegidos? Lembremos que, pelo menos, um nome revelado na delação de Élcio Queiroz já havia sido citado no relatório da CPI das Milícias, assessorada por Marielle dez anos antes de seu assassinato. A omissão das autoridades — governador do Rio de Janeiro, secretários, delegados, Ministério Público, deputados — também pode ter custado a vida de Marielle, Anderson e de outras pessoas.

Os avanços tardiamente apresentados pelas autoridades reiteram a importância da recomendação que apresentamos de se instalar um mecanismo independente para monitorar as investigações, a ser formado por peritos, juristas e especialistas em investigação criminal, todos sem conflito de interesse com o caso. Experiências bem-sucedidas nesse sentido, no México e em Honduras, fortalecem nossa certeza.

É lamentável que um primeiro passo tenha saído do chão em 2018 e só aterrissasse à frente em 2023. Após seis delegados, dezenas de promotores, dois governadores e um interventor federal, a entrada da PF no caso em 2019 e reentrada em 2023, cinco anos continua sendo tempo demais.

Jurema Werneck é médica e ativista, com doutorado em comunicação e cultura pela Universidade Federal do Rio de Janeiro (UFRJ). É diretora-executiva da Anistia Internacional no Brasil.

Os mortos da democracia

CAMILA NUNES DIAS

Refletir sobre os quarenta anos de redemocratização brasileira exige enfrentar uma contradição: enquanto o país reconstruiu instituições e ampliou direitos, a violência estatal e social continuou ceifando vidas, sobretudo das populações negras, pobres e periféricas. A segurança pública não se democratizou. As polícias mantiveram práticas autoritárias herdadas da ditadura, e o sistema de Justiça, com raras exceções, esteve ao lado delas. O resultado é um estado de exceção que nunca cessou para muitos.

Do Massacre do Carandiru ao assassinato de Marielle Franco e Anderson Gomes, passando por chacinas como as de Acari, Candelária, Vigário Geral, Eldorado dos Carajás, Osasco, Curió, Cabula e a operação Escudo, na Baixada Santista, o Brasil acumulou milhares de mortos, em sua maioria jovens negros. Como afirmou Jurema Werneck em seu artigo sobre Marielle e Anderson, "os assassinatos da vereadora e de seu motorista demonstram ainda que aqueles que têm o dever de controlar o bom funcionamento das polícias têm falhado. E essas falhas têm graves consequências".

Nas últimas quatro décadas, os crimes violentos aumentaram, assim como a população carcerária. O Brasil lidera rankings globais de homicídios e feminicídios e tornou-se rota estratégica para o tráfico internacional de drogas. De acordo com o estudo global sobre homicídios do Escritório das Nações Unidas sobre Drogas e Crime (2023), o país ocupa o primeiro lugar em número absoluto de mortes violentas e o 18º em taxa proporcional de homicídios. O perfil dessas vítimas revela o caráter seletivo da violência: segundo o Anuário Brasileiro de Segurança Pública de 2024, 78% dos mortos são negros, 49% têm até 29 anos e 90% são homens.

No sistema prisional, a mesma lógica se repete: dados da Secretaria Nacional de Políticas Penais (2024) mostram que o Brasil é o terceiro país que mais encarcera no mundo, com 64% das pessoas presas sendo pretas ou pardas e, entre essas, 30% nem sequer foram julgadas e condenadas. A expansão das milícias e das facções, como o Primeiro Comando da Capital (PCC) e o Comando Vermelho (CV), com sua crescente influência econômica, territorial e política, evidencia o fracasso do Estado em garantir segurança e justiça. A ausência de controle sobre os agentes armados e o enraizamento de grupos criminosos corroem as bases da democracia.

O medo, legítimo, é constantemente instrumentalizado por projetos políticos autoritários, que alimentam o punitivismo e se apoiam na militarização da vida social. Governos de direita aprofundam o modelo repressivo e populista da segurança. Contudo, muitos governos progressistas, embora reconheçam os determinantes estruturais da violência, como desigualdade e racismo, têm dificuldade de formular políticas de curto prazo que enfrentem o problema com eficácia e foco. A criminalização da pobreza persiste, enquanto os crimes das elites seguem invisíveis ou naturalizados.

O problema, portanto, não está apenas na ausência de reformas. Está também na recusa em tratar a segurança como política pública com diretrizes democráticas. As mortes se concentram entre os mesmos de sempre. As instituições, por ação ou omissão, reforçam esse ciclo. A democracia plena será impossível enquanto a seletividade do sistema penal seguir ditando quem deve viver e quem pode morrer.

Os quarenta anos de democracia brasileira são também quarenta anos de omissão ante uma guerra não declarada, que serve a muitos interesses e produz poucos vencedores — entre eles, milicianos, políticos oportunistas e estruturas que lucram com o medo.

Romper esse ciclo exige mais do que boas intenções: exige compromisso com a vida, com a verdade e com a justiça. E exige, sobretudo, que sigamos perguntando, como fez Marielle: "Quantos mais vão precisar morrer para que essa guerra acabe?" E ainda: quantos mais terão que morrer para que a democracia se torne uma realidade concreta para todos?

Camila Nunes Dias é professora da Universidade Federal do ABC (UFABC), onde coordena o Grupo de Pesquisa em Segurança, Violência e Justiça (Seviju). Atua também como pesquisadora do CNPq e do Núcleo de Estudos da Violência (NEV) da Universidade de São Paulo (USP). Doutora em sociologia pela USP, é coautora do livro *A guerra: a ascensão do PCC e o mundo do crime no Brasil* (2018, Todavia).

OSCAR NIEMEYER § MARCELO PAIXÃO

A arquitetura da desigualdade

O que pode um gesto diante de uma estrutura? Em 2005, Oscar Niemeyer escreveu um relato comovente, como uma curva de concreto diante do abismo social: o encontro com Pablo, menino de rua. O arquiteto, mestre dos sonhos modernistas, ofereceu apoio, mas viu ruir, impotente, a esperança de salvar um destino esmagado pela desigualdade.

Vinte anos depois, o economista e sociólogo Marcelo Paixão retoma essa história para colocá-la em diálogo com o Brasil do século XXI, no qual a utopia social ainda é uma promessa não cumprida. Qual o peso de um gesto nobre diante da brutal persistência da desigualdade?

Menino de rua

OSCAR NIEMEYER 7 DE NOVEMBRO DE 2005

É uma historinha verídica que me parece oportuno contar.

Era uma manhã fria de inverno, o céu branco demais. Uma chuva fina a descer devagar sobre a cidade. Tempos de Inglaterra, como dizia o Jacinto de Tormes, personagem de *A cidade e as serras*, de Eça de Queiroz.

Aproximava-me da entrada do escritório, onde um rapazinho, com um tabuleiro de doces pendurado ao pescoço, parecia me esperar. Devia ter uns 10 ou 11 anos de idade. Tinha um ar triste, desprotegido, que me chamou a atenção. Dei-lhe algum dinheiro e entrei.

Foi ainda no elevador que fiquei a lembrar, comovido, da pobreza que exibia, essa miséria imensa que se multiplica pelo mundo, cada vez mais forte e desesperada.

Tão indignado me sentia que, ao ingressar no escritório, pedi ao primeiro que apareceu:

— Vai lá embaixo e me traz esse menino que vende doces pelas ruas.

E, pouco depois, lá estava ele, sentado diante de mim, descalço, pobremente vestido. Tinha uma expressão compenetrada, como se estivesse consciente da vida que levava, a perambular nas madrugadas pela cidade. Perguntei-lhe o seu nome:

— Pablo — me respondeu.

E, como indagasse onde morava, explicou-me que dormia nas calçadas dos Arcos da Lapa, acrescentando:

— Sou de Caratinga, Minas Gerais. Vim para o Rio escondido na traseira de um caminhão.

Senti que já se habituara a essa vida de vadiagem a correr com os colegas pelas ruas da cidade, muitas vezes perseguido pela polícia. Indaguei-lhe se gostaria de estudar, de ter uma casa onde morar:

— Sim — respondeu. — Eu queria ser advogado ou cantor.

E, quando lhe disse que iria ajudá-lo e arranjar um lugar onde pudesse dormir, a nossa empregada, Maria das Graças, se aproximou e, boa pessoa que era, interveio:

— Dr. Oscar, ele pode ficar no meu apartamento — disse, generosamente.

A decisão estava tomada. Pedi-lhe que cuidasse do garoto e o trouxesse mais tarde ao escritório.

E, lá pelas 17h, os dois apareceram. Ele, de banho tomado, roupa nova, lembrando, como num milagre qualquer, outro menino de classe média do Rio.

Dei-lhe algum dinheiro, recomendando a Maria das Graças que não o fizesse prisioneiro, que o deixasse sair quando quisesse, fixando apenas a hora de voltar para casa.

Passaram-se dois ou três dias, e Maria das Graças entrou apavorada no escritório dizendo que o menino sumira e que ela e o marido, motorista de táxi, o haviam procurado de madrugada, sem resultado, por toda a cidade.

Mais duas semanas... e Pablo aparece no escritório. Maltrapilho como antes, com o ar triste, aparentemente resignado, sem nos dar nenhuma explicação. Na verdade, já estava viciado em correr com os amigos pelas noites do Rio, num vale-tudo que a marginalidade permite.

Conversamos. Perguntei-lhe se não queria voltar a Minas Gerais, para a casa dos pais. Ele, afinal, concordou. Entramos, então, em contato com o Juizado de Menores. De acordo com a lei, ele não poderia viajar sozinho.

Lembro-me de que, na véspera de viajar, retornou ao escritório para se despedir de todos. De roupa nova outra vez, sorridente, pedindo-me que tirasse, com a pequena máquina fotográfica que lhe dera, um retrato ao seu lado.

No dia do embarque, Maria das Graças e Amaro, meu motorista, o levaram até a rodoviária. Pensávamos que o problema estava resolvido, quando, dois meses depois, ele apareceu de novo no escritório, maltratado como antes, e nós sem ânimo para dele cuidar outra vez. Sentimos, com pesar, que nada em seu favor podíamos fazer.

Decorreram quase dez anos. E, três meses atrás, Vera, nossa companheira, atendeu o telefone. Era o Pablo, que, com voz aflita, indagava:

— Como vai o dr. Oscar? Está bem?

— Tudo em paz — respondeu Vera. — Mas por que você me faz essa pergunta?

— Uns amigos me disseram que ele tinha sido sequestrado.

— Nada disso, está tudo calmo — ela replicou.

E, sem outros comentários, ele desligou o telefone.

Dessa conversa, só me interessou sentir que o Pablo se tornara um bom amigo nosso, preocupado com tudo que pudesse nos acontecer.

O que eu quero demonstrar com essa história é que, entre os meninos de rua, como os das favelas, existe gente sensível, de bons sentimentos, capaz de guardar a lembrança dos que um dia tentaram ajudá-los generosamente, embora revoltados com a pobreza que os persegue a vida inteira. É claro que há exceções, que alguns tomam caminhos diferentes; porém, os motivos são tantos que não cabe discuti-los neste pequeno texto.

Infelizmente, a burguesia não se interessa pelo drama que vivem os meninos de rua, e até os negrinhos das favelas começa a odiar, vendo-os como futuros inimigos, numa atitude odiosa e racista que não podemos aceitar.

Oscar Niemeyer foi um dos mais influentes arquitetos brasileiros. No país, projetou os palácios de Brasília, o edifício Copan, em São Paulo, e o conjunto da Pampulha, em Belo Horizonte, entre tantos outros. No exterior, foi um dos autores do projeto da sede da ONU, em Nova York. Recebeu prêmios como o Pritzker e o Príncipe das Astúrias, além do Prêmio Unesco na categoria cultura. Morreu em 2012.

Todo menino é um rei: percalços da utopia brasileira

MARCELO PAIXÃO

Me sirvo da composição de Nelson Rufino e Zé Luiz, universalizada na voz única de Roberto Ribeiro, como inspiração para o título deste artigo. No distante novembro de 2005, o renomado Oscar Niemeyer narrava o seu encontro com Pablo, um pré-adolescente morador de rua, na entrada do prédio em que tinha seu escritório.

O jovem vinha do interior de Minas Gerais "na traseira de um caminhão". O arquiteto não indicava as razões da longa viagem, mas o leitor poderia deduzir: pobreza, fome, algum desajuste familiar dali derivado. Se todo menino é um rei, o arquiteto se viu diante de uma majestade sem pompa, sem circunstâncias, sem nada. Um Pablo entre outros tantos "Pablos" espalhados pelo Brasil.

A longa noite iniciada em 1964 paulatinamente abriu espaço para um "senso comum" na sociedade brasileira. Se os delírios dos primeiros republicanos indicavam uma nação que alcançaria o progresso sob a batuta da ordem autoritária, o somatório das desgraças impostas pela ditadura em diferentes frentes trazia uma importante lição. O crescimento econômico, em si mesmo, não diria muita coisa se não viesse acompanhado da repartição do bolo no início, meio e fim.

Nos anos 1980, outras prioridades entraram na arena pública, o que nos levou à "Constituição Cidadã" apontando para a universalização das políticas sociais e a defesa dos contingentes historicamente discriminados. Todavia, não demorou muito para que ficasse patente o abismo entre o novo marco constitucional e a realidade de um país depauperado pelos sucessivos equívocos do regime anterior.

Por mais compreensíveis que possam ser seus motivos originais, as grandes demonstrações públicas de 2013 representariam uma virada no humor, ou no "senso comum", de expressivas frações da sociedade brasileira. A leve redução da desigualdade social, favorecida pelo controle da hiperinflação, pela valorização do salário mínimo e pela expansão do sistema de ensino básico e das políticas de combate à pobreza, acabaria expondo as tripas de um Brasil profundo, irredutível para aceitar qualquer distribuição, mesmo que na margem.

Mais recentemente, diferentes segmentos da sociedade brasileira foram forjando um novo consenso fundamentado na preservação das seculares iniquidades. Que absurdo, não é mesmo?, que pobres e pretos possam frequentar universidades e aeroportos, que empregadas domésticas tenham os mesmos direitos dos demais trabalhadores ou que falte gente para limpar latrinas, cortar cana, colher laranja ou apanhar abacaxi debaixo de sol escaldante em troca de alguns tostões.

Diante da macabra ausência de proteção à juventude pobre, preta e periférica, os rancores do país das crônicas mesquinharias levam muitos à pergunta retórica "está com pena?", seguida do pascácio silogismo "leva para casa". Pois a história que inicia este texto contém uma compra daquela aposta. Comovida pelo diálogo entre o jovem e o arquiteto, Maria das Graças, sua empregada, se dispôs a levar Pablo para morar em seu apartamento, com seu Oscar se comprometendo a sustentar os seus estudos. Mas o altruísmo acabaria num rotundo fracasso. O jovem voltaria para sua claudicante vida de mendicância. À luz do fato de que a filantropia e o voluntarismo são inermes diante de uma estrutura social que também reproduz suas injustiças no plano psicológico de cada indivíduo, resignado, o arquiteto viu que o jovem estava condenado àquela eterna situação. Uma história sem final feliz. Mas há um "entretanto".

Longe dos contos de fadas, dez anos depois, já homem feito, Pablo ligaria para o arquiteto, preocupado com o risco de ele ter sido sequestrado. Conhecido por seu caráter generoso, segundo relatos que podemos ler sobre sua vida, no limite do quixotesco, seu Oscar voltaria a se sensibilizar, dessa vez com aquela chamada. Apesar dos pesares, os laços de empatia entre eles foram preservados. De uma simples ligação para saber se estava tudo bem, o arquiteto derivou o drama de toda uma sociedade. Pablo, um marginalizado socialmente, tinha bom coração. Mesquinha e arrogante era a elite brasileira incapaz de se solidarizar com as mazelas de seu próprio povo.

Tal como em seus aclamados projetos arquitetônicos, em poucas linhas, seu Oscar definiria o tema da justiça social como o maior desafio da sociedade brasileira de todos os tempos. Na contramão da longa duração de um país em que "menino sonha com coisas que a gente cresce e não vê jamais", século XXI adentro, o Brasil segue condenado a realizar sua utopia.

Marcelo Paixão é professor do Departamento de Estudos Africanos e da Diáspora Africana da Universidade do Texas, em Austin (EUA). Com doutorado pelo Instituto Universitário de Pesquisas do Rio de Janeiro (Iuperj), foi professor visitante na Universidade de Princeton, onde foi membro do Projeto sobre Etnicidade e Raça na América Latina. Também foi presidente da Brazilian Studies Association (Brasa), entre 2020 e 2022. É autor de uma vasta obra sobre desigualdade, raça e relações laborais, incluindo *A lenda da modernidade encantada* (2014, CRV) e *500 Años de Soledad: Estudíos Sobre las Desigualdades Raciales en Brasil* (2015, Editorial Universidad Nacional de Colombia).

CLÓVIS ROSSI § LAURA CARVALHO

O abismo social que ameaça a democracia

A desigualdade brasileira não é apenas um problema social — é um limite imposto à própria democracia. Os dois textos a seguir provocam o leitor a olhar para a verticalização econômica brasileira por lentes diferentes. Em artigo publicado em 2017, o jornalista Clóvis Rossi sugeriu que a concentração de renda no país nunca realmente diminuiu, e que a promessa de redistribuição foi, no máximo, uma ilusão estatística.

Agora, a economista Laura Carvalho propõe outra leitura: a desigualdade oscilou, mas o topo sempre lutou para preservar seus privilégios. No cruzamento dos dados, argumentos e interpretações, sobra uma interrogação incontornável: pode um país tão desigual ser verdadeiramente democrático?

A desigualdade, que nunca caiu, volta a sangrar

CLÓVIS ROSSI 18 DE JULHO DE 2017

Por fim, aparece uma voz, no mundo político, capaz de apontar uma das mais terríveis consequências sociais da crise econômica: o aumento da desigualdade, essa chaga aberta no tecido social brasileiro desde sempre.

Quem faz a constatação — que deveria ser óbvia para todos, dada a profundidade da recessão e o consequente aumento do desemprego — é a Fundação João Mangabeira, centro de estudos ligado ao PSB.

Seu presidente, Renato Casagrande, escreve no boletim de análise publicado em junho: "Esse ciclo recente de distribuição [de renda] sem reformas foi superficial e já terminou. Desde 2013 está em curso uma reversão dos ganhos obtidos, o que não deve nos surpreender. Nesse período, a economia brasileira experimentou retrocessos importantes em seu grau de complexidade e em sua inserção no sistema internacional."

Na verdade, nem ocorreu o ciclo recente de distribuição de renda, ao contrário do que diz a propaganda dos governos do PT, aceita acriticamente pela maior parte do jornalismo.

Há fatos que demonstram que a desigualdade no Brasil não se mexeu, o que já citei em um punhado de textos. Por isso, limito-me a mencionar dois dados:

1 — A falácia da queda da desigualdade se apoia na Pnad (Pesquisa Nacional por Amostragem de Domicílios), que, no entanto, não capta a realidade. Como diz o estudo do PSB, "as entrevistas domiciliares praticamente só recolhem informações sobre salários, aposentadorias e pensões, deixando de fora lucros, dividendos e outros ganhos de capital, heranças, rendas resultantes de patrimônio, investimentos financeiros e atividades afins, que nunca são citados. Ao subestimarem grandemente as rendas mais altas, essas pesquisas não conseguem captar o comportamento da desigualdade como um todo".

Por isso mesmo, Marcelo Medeiros, Pedro Ferreira de Souza e Fabio Avila de Castro, todos da UnB (Universidade de Brasília) e os dois primeiros também do Ipea (Instituto de Pesquisas Econômicas Aplicadas), mergulharam em dados do imposto de renda e chegaram à seguinte conclusão, conforme Pedro relatou à *Folha*: "O alto grau de concentração de renda entre os mais ricos é a característica marcante da desigualdade brasileira. Com base em dados históricos do Imposto de Renda, busquei recuperar a história dessa desigualdade desde os anos 1920, quando éramos ainda um país rural, com população menor do que a do estado de São Paulo de hoje. De lá para cá, muita coisa mudou no Brasil, mas não a desigualdade. A concentração de renda no 1% mais rico da população adulta manteve-se em patamar alto, sem nenhuma tendência clara de longo prazo."

De fato, a pesquisa do trio mostra que os 5% mais ricos, que detinham cerca de 40% da renda total do país em 2006, passaram a abocanhar 44% em 2012.

2 — Um segundo dado relevante é mencionado no estudo do PSB: "Nos doze primeiros anos de existência, entre 2003 e 2015, o Programa Bolsa Família distribuiu R$ 168 bilhões aos seus beneficiários, o que equivale a somente 37% do que o Estado gasta por ano com o pagamento de juros da dívida pública."

Posto de outra forma: em treze anos, os mais pobres, beneficiários do Bolsa Família, receberam apenas pouco mais de um terço do que vai, por ano, para os mais ricos, portadores de títulos da dívida pública.

Se isso é distribuição de renda, é do conjunto da sociedade para os ricos, não dos ricos para os pobres.

Derrubada a propaganda de que a desigualdade se reduziu nos anos do PT, fica o desafio de enfrentá-la, o que, evidentemente, não está na agenda do atual governo.

Como é óbvio, trata-se de problema de tremenda complexidade, mas há pelo menos um ponto essencial que jamais é enfrentado: a tributação. O trabalho da Fundação João Mangabeira mostra que as famílias pobres gastam 32% de sua renda em pagamento de impostos, enquanto as mais ricas gastam 21%.

"É uma decorrência inexorável do sistema tributário brasileiro, fortemente baseado em impostos indiretos, que incidem sobre o consumo. É muito baixa a tributação sobre propriedades, heranças e patrimônio em geral", diz o texto.

Completa: "O imposto de renda, por sua vez, penaliza fortemente a classe média, pois as rendas recebidas sob a forma de distribuição de lucros e dividendos, tipicamente apropriadas pelos mais ricos, estão isentas de tributação."

Conclusão: "O pequeno grupo que ganha mensalmente mais de 160 salários mínimos paga apenas 6,5% de imposto sobre sua renda total."

Eis um bom ponto para ser atacado pelos que gostam tanto de falar da necessidade de reformas estruturais.

Clóvis Rossi foi um jornalista que atuou em *O Estado de S. Paulo*, *Folha de S.Paulo*, *Jornal do Brasil* e *Correio da Manhã*. Desde 1980, trabalhou na *Folha*, onde foi correspondente em Buenos Aires e Madri. Recebeu importantes prêmios, como o Maria Moors Cabot, da Universidade Columbia, e um prêmio pelo conjunto da obra da Fundação para um Novo Jornalismo Iberoamericano, entregue por seu criador, Gabriel García Márquez. Morreu em 2019.

A armadilha da desigualdade

LAURA CARVALHO

"Era uma vez um reino situado num longínquo rincão a meio caminho entre o Ocidente e o Oriente, denominado Belíndia. Segundo revelações dos antigos, esse nome, estranha unidade dialética de contrários, tinha a ver com a natureza da colonização original do reino, onde povos trazidos das Índias produziam admiradas essências aromáticas que eram vendidas em mercados externos por comerciantes de origem belga." A imagem, que retrata as enormes disparidades brasileiras a partir da convivência entre a Bélgica e a Índia em um mesmo território, foi popularizada pelo economista Edmar Bacha na fábula *O rei de Belíndia*, de 1974.

O Brasil é o 14º país mais desigual do mundo pelo índice de Gini,* e o 4º se considerarmos a parcela da renda apropriada pelo 1% mais rico da população. Tal diferença aponta para uma das principais características da desigualdade brasileira: a extrema concentração da renda no topo da pirâmide. Os números da World Inequality Database revelam que o 1% mais rico detém 20% da renda nacional no Brasil (ante 14,3% nos Estados Unidos e apenas 6,6% na França).

---

* O índice Gini (ou coeficiente de Gini) é um indicador estatístico usado para medir o grau de desigualdade na distribuição de renda ou riqueza em uma população. Seus valores vão de 0 a 1: quanto mais próximo de 0, mais igualitária é a distribuição; quanto mais próximo de 1, maior a concentração de renda em poucas mãos (*N. da E.*).

Recorrendo à imagem da Belíndia, vale observar que a renda média de um belga o colocaria entre os 7% mais ricos no Brasil, mas ainda bem longe do nosso 1%, que ganha quase dez vezes mais que a renda média naquele país. Já um indiano médio estaria na metade mais rica da população brasileira e não na mais pobre: os 50% mais pobres no Brasil ganham, em média, menos da metade da renda média indiana.

No livro *A história da desigualdade no Brasil*, Pedro Souza revelou que, apesar da tendência de queda no Gini desde meados dos anos 1970, a parcela da renda apropriada pelos mais ricos apresentou relativa estabilidade no longo prazo, passando por períodos de queda, como no pós-guerra, seguidos de aumento, como nos anos da ditadura militar.

A altíssima concentração da renda no topo da distribuição leva à perpetuação das desigualdades por dois principais canais. Primeiro, os super-ricos obtêm rendimentos financeiros sobre seu patrimônio acumulado, elevando ainda mais sua participação na renda em períodos de relativa estagnação da economia e dos salários. Segundo, a alta concentração no topo limita o bom funcionamento do sistema democrático, já que esses indivíduos exercem uma influência desproporcional sobre o sistema político e criam obstáculos para a adoção de políticas redistributivas.

Não é verdade, como afirmou Clóvis Rossi em seu artigo, que a desigualdade não mudou nada durante os governos do PT. Os anos 2000 foram marcados por uma redução substantiva das disparidades entre a base e o meio da pirâmide. A expansão do Bolsa Família, os ganhos reais de salário mínimo e o dinamismo do mercado de trabalho reduziram as desigualdades entre os mais pobres e aqueles que se encontram no chamado miolo da distribuição de renda. Mas, como o jornalista apontou, tais ganhos foram rapidamente revertidos na década seguinte, marcada por sucessivas crises econômicas e pacotes de ajuste fiscal.

Além disso, ao permitir observar de forma muito mais precisa a renda dos mais ricos, que costuma ser subestimada nas pesquisas amostrais em todo o mundo, os dados disponibilizados pela Receita Federal desde o estudo seminal de Marcelo Medeiros, Pedro Souza e Fabio Castro, destacado por Rossi, lançaram luz sobre um importante limite do processo redistributivo dos anos 2000: a parcela da renda total apropriada pelo 1% mais rico não só não caiu como subiu de 22,2% em 2000 para 24,9% em 2012.

Se tanto a metade mais pobre quanto o 1% mais rico aumentaram sua parcela na renda total, quem perdeu participação foi o meio da pirâmide. Conforme apontado por Amory Gethin e Marc Morgan no estudo "Democracy and the Politicization of Inequality in Brazil, 1989-2018", a perda relativa de renda dos 40% do miolo da distribuição pode ter culminado na eleição de Jair Bolsonaro em 2018.

O primeiro passo para reduzir a enorme concentração de renda entre os mais ricos e beneficiar aqueles que estão na base e no meio da distribuição é aprovar uma reforma tributária progressiva, nos moldes defendidos por Rossi. Mas mesmo diante das mais tímidas tentativas nessa direção, a desigualdade brasileira costuma mostrar sua pior face: a das elites econômicas obstinadas em perpetuar nosso subdesenvolvimento.

Laura Carvalho é diretora global de Prosperidade Econômica e Climática da Open Society Foundations, professora no Departamento de Economia da Universidade de São Paulo (USP) e senior fellow do Schwartz Center for Economic Policy Analysis (SCEPA). Sua pesquisa se concentra nas áreas de macroeconomia e desenvolvimento econômico, com ênfase na relação entre crescimento econômico e distribuição da renda. É autora dos livros *Valsa brasileira: do boom ao caos econômico* (2018) e *Curto-circuito: o vírus e a volta do Estado* (2020), ambos publicados pela Todavia.

VINICIUS TORRES FREIRE § LUCIANA SERVO E MARÍLIA MARCATO

Mediocridade da economia

Quarenta anos depois do fim da ditadura, o Brasil ainda atravessa o deserto da mediocridade da economia. É essa metáfora que Vinicius Torres Freire adota para interrogar o "devaneio" e a "derrota" econômica da democracia brasileira. Em seu artigo, a crítica é direta: o Brasil perdeu décadas em ciclos repetitivos, sem aprendizado nem ruptura.

No texto de Luciana Servo e Marília Marcato, o retrato é evidenciado pela busca de um caminho entre as conquistas sociais da redemocratização e as limitações impostas pelo modelo econômico adotado. O que o jornalista descreve como travessia frustrada, as economistas desenham como um percurso tenso, com avanços reais, mas sempre ameaçados por desigualdades persistentes. Os autores expõem uma ferida central da democracia brasileira, marcada pela dificuldade histórica de alinhar justiça social e soberania econômica.

40 *anos de democracia e economia ruim*

Vivemos a ilusão de que voltaríamos à terra prometida do crescimento veloz

VINICIUS TORRES FREIRE 25 DE JANEIRO DE 2025

Em março, vai fazer quarenta anos que acabou a ditadura militar. O Brasil não voltou a crescer como se vira na maior parte do século XX.

Dada a experiência dos países que se industrializaram mais na base da força bruta, como nós, e considerados os poucos casos de nações que conseguiram escapar da renda medíocre, não somos caso assim lá extravagante. Atualmente, o Brasil figura lá pelo meião do ranking mundial da renda (PIB) *per capita*.

Como os dados do crescimento anterior à Segunda Guerra estão sob debate, considere-se o período seguinte. A renda (PIB) *per capita* dobrou de 1945 a 1961, por aí. Dobrou de novo de 1961 a 1977. Desde então, até 2023, cresceu pouco mais de 60%.

Um resumo da discussão das causas desse fracasso não caberia em uma centena destas colunas modestas. O motivo aqui é lembrar os quarenta anos dessa travessia no deserto, um número bíblico, quarenta anos em que esperávamos, em algum momento depois de tantas derrotas, uma volta à terra prometida do crescimento econômico, ao menos. A ideia de civilização de fato já era um desenho desbotado de alguma ficção modernista ou da agitação sem sentido ou sem sucesso dos anos 1960.

"Esperávamos": era assim para nossos seniores e professores, agora aposentados ou mortos, e para a minha geração, agora pré-idosa ou na década final desse percurso.

Há algo de excepcional no nosso resultado medíocre? Um pecado decisivo? Há o que fazer? Por que não há ação ou reflexão radical? Depois de quarenta anos de devaneio, temos de reconhecer que algo deu muito errado.

Ainda que a mediocridade econômica seja comum, há quem tenha se virado melhor. Há o caso óbvio da Coreia do Sul. Há a China, que nem rica é, mas saiu de enorme pobreza para se tornar potência tecnológica. Aqui do lado temos o Chile, que fez a renda *per capita* crescer 244% desde 1985 (a brasileira cresceu 58%). Há o caso da Turquia, que cresceu 245%. Há pelo menos uma dúzia de países com tantos ou menos recursos do que nós e que se viraram, ao menos.

Desde 1985, a renda *per capita* brasileira cresce ao ritmo anual de 1,2%. Dobraria em 58 anos. Então, chegaríamos a um nível próximo ao da Grécia de hoje (ainda uns 15% mais pobres). Ficamos para trás em relação à média do mundo.

Os quarenta anos de derrota deveriam dar o que pensar. Os quarenta anos do povo de Israel pelo deserto seriam metáfora de um tempo necessário de conversão, de renovação de espírito, de mudança de mentalidade, dizem certas interpretações religiosas. A comparação é quase apenas ironia deprimida, mas tem uma boa pergunta. Nos convertemos no quê?

A mudança social e cultural nos últimos vinte anos foi enorme, mas também nem se arrisca a se tratar disso aqui. Na economia, por que corremos praticamente atrás do rabo faz já mais de quarenta anos? São quarenta anos com ciclos parecidos de altas e baixas, por motivos similares, ciclos que não redundam em aprendizados, no sentido estrito ou por meio de revolta transformadora. Isso é uma prova de ignorância (ignorância é não querer saber), que se soma à nossa precariedade inerte em educação e cultura, coisas que detestamos.

Depois de quarenta anos, deveríamos dar adeus às ilusões. Ou nos convertemos em uma nação falida sem alarde, encruada, com estamentos disfarçados, com esmolas que contêm o risco de tumulto maior, o império do conchavão social implícito?

Vinicius Torres Freire é cientista social pela Universidade de São Paulo (USP) e mestre em administração pública pela Universidade de Harvard. Trabalhou no jornal *O Estado de S. Paulo* e na editora Abril. Foi correspondente em Paris, secretário de Redação, editor de Educação, Ciência, Opinião e Economia da *Folha de S.Paulo*, onde é colunista desde 2000. É autor de *Três pragas do vírus* (2020, Todavia).

Brasil, avanços econômicos em quarenta anos de democracia, mas com desigualdades históricas*

LUCIANA M. S. SERVO

MARÍLIA BASSETTI MARCATO

Se Vinicius Torres Freire nos lembra que o número 40 tem raízes bíblicas, vale reforçar que, na tradição judaica, o maior risco não é a ignorância, mas o esquecimento. A destruição da memória — sempre coletiva, antes mesmo de individual — é vista como a anulação do passado e, com ela, do próprio futuro. Hoje, esse processo assume novas formas, como o revisionismo histórico. No Brasil, porém, ignorância e esquecimento caminham lado a lado: são ameaças complementares e igualmente graves à consolidação democrática. Refletir sobre os quarenta anos de democracia é, portanto, um ato de resistência contra ambas.

Retomando as metáforas bíblicas, assim como os judeus suportaram quatro séculos de escravidão até cruzarem o deserto por quarenta anos em busca da liberdade, o Brasil ainda carrega os quatrocentos anos de escravização da população negra, legado que moldou nossas estruturas de exclusão social e econômica.

* As opiniões emitidas nesta publicação são de exclusiva e inteira responsabilidade das autoras, não exprimindo, necessariamente, o ponto de vista do Instituto de Política Econômica Aplicada (Ipea) e do Banco Nacional de Desenvolvimento (BNDES).

Mas em que medida a prometida terra do crescimento econômico trouxe benefícios verdadeiramente compartilhados?

A redemocratização brasileira está longe de ser uma narrativa linear de consolidação da democracia. É, antes, um campo de tensões, onde avanços e contradições coexistem. De um lado, a Constituição de 1988 ergueu as bases de um Estado de bem-estar social, reconhecendo a dívida histórica com a desigualdade agravada pela ditadura. De outro, o país abraçou a agenda neoliberal, com práticas político-econômicas como a abertura econômica, a financeirização e a globalização produtiva. Enquanto em parte da Europa o Estado de bem-estar social resistiu aos ataques neoliberais, no Brasil o neoliberalismo encontrou solo fértil, colocando em xeque as próprias conquistas democráticas.

Mesmo em um contexto econômico nacional e internacional adverso, os avanços sociais promovidos por uma Constituição Cidadã e pela redemocratização são evidentes: a escolaridade média aumentou de 3,5 anos em 1970 para 9,8 anos em 2022, a mortalidade infantil caiu — de 97,6 por mil nascidos vivos em 1970 para 12,5 em 2023 — e a esperança de vida ao nascer passou de 57,6 para 76,4 anos.

Houve um esforço de universalização do acesso a bens e serviços por meio de políticas públicas, mas o Brasil ainda carece de um pacto pela inclusão social que envolva todos os segmentos da sociedade e o Estado. O país não se desenvolverá com as desigualdades estruturais entre negros e brancos, expressas em praticamente todos os indicadores. No campo econômico, essa desigualdade afeta a demanda por bens e serviços, reduzindo o consumo das camadas mais pobres por diversos mecanismos; a discriminação também compromete a inserção no mercado de trabalho e limita as perspectivas de crescimento sustentado.

Na maior parte desses quarenta anos, observa-se um processo de liberalização financeira, com oscilações nas taxas de juros e no câmbio impulsionadas pela entrada e saída de capitais. O período foi marcado por instabilidade econômica, avanços e recuos, com ciclos de crescimento frequentemente interrompidos. A média de crescimento foi baixa, em torno de 2,5% ao ano, com poucos momentos de crescimento em que chegou a 5% ou 6%. As taxas de desemprego oscilaram entre cerca de 4% e mais de 12%. Houve também uma mudança estrutural na composição do emprego, com redução da participação da indústria na ocupação total.

O compromisso com a estabilidade monetária, evidentemente crucial na concepção do Plano Real, acabou por impor importantes limitações ao avanço do Brasil no enfrentamento das raízes de seu atraso. O país continua sujeito a problemas estruturais, como a deterioração dos termos de troca e a desindustrialização prematura, reflexos de sua inserção internacional e das dificuldades em impulsionar políticas de desenvolvimento produtivo que promovam maior complexidade tecnológica à produção industrial. China, Coreia do Sul e países do Sudeste Asiático, que apresentaram alto crescimento econômico no período, criaram mecanismos e incentivos tanto pelo lado da demanda quanto da oferta, com o objetivo de endogenizar o progresso tecnológico.

As políticas anticíclicas, com uma gestão monetário-financeira menos restritiva, implementadas em dois momentos cruciais de crise — a crise de 2009 e a da pandemia —, demonstram que o Estado deve preservar seus instrumentos capazes de dinamizar o mercado interno. Além disso, fortalecer o papel do crédito e dos bancos de desenvolvimento como instrumentos de financiamento para a transição de modelos produtivos, aliado a uma gestão macroeconômica menos restritiva e a políticas estruturais de redução das desigualdades, configura um conjunto de mecanismos com potencial para impulsionar o crescimento e o desenvolvimento sustentável.

Em um cenário de crises sobrepostas, há um claro desequilíbrio na disputa política, intensificado pelas dificuldades de regulação e rápido crescimento das tecnologias digitais — e multiplicam-se as incertezas sobre o futuro da democracia. A persistência de desigualdades constitui um terreno fértil para a radicalização, alimentando movimentos que ameaçam as democracias no Brasil e no mundo. A construção de um futuro mais justo e democrático e com crescimento sustentado passa, necessariamente, pela capacidade de gerar oportunidades equitativas para todos.

Luciana M. S. Servo é presidente do Instituto de Pesquisa Econômica Aplicada (Ipea), onde é servidora desde 1998. É mestre em economia pela Universidade de São Paulo (USP) e doutora em economia pela Universidade Federal de Minas Gerais (UFMG). Também é coautora de várias publicações de economia regional, do trabalho e da saúde, incluindo relatórios do Conselho de Monitoramento e Avaliação de Políticas Públicas (Cmap) do governo federal.
Marília Bassetti Marcato é professora do Instituto de Economia da Universidade Federal do Rio de Janeiro (IE-UFRJ) e assessora da presidência do Banco Nacional de Desenvolvimento Econômico e Social (BNDES). Entre 2023 e 2024, foi coordenadora na Empresa Brasileira de Pesquisa e Inovação Industrial (Embrapii). É doutora em economia pela Universidade Estadual de Campinas (Unicamp), com período como pesquisadora visitante na The New School, nos Estados Unidos.

ANTONIO DELFIM NETTO § ELENA LANDAU

Visões econômicas em confronto

Separados por mais de duas décadas, os textos dos economistas Delfim Netto e Elena Landau, ao refletirem sobre o governo de Fernando Henrique Cardoso, oferecem visões que se cruzam, mas não se reconciliam.

Para muitos, a gestão FHC foi o ponto de encontro da estabilidade econômica com o amadurecimento democrático. Delfim, porém, vê nas soluções adotadas uma improvisação arriscada, que deixou o país vulnerável a uma fragilidade fiscal crescente. Em contraste, Landau apresenta um quadro de progresso, em que as reformas econômicas se tornam essenciais para a consolidação da democracia.

As reflexões dos dois revelam não apenas que um presidente não pode ser julgado em termos absolutos, mas também que a democracia brasileira, imersa em suas próprias contradições, está em constante reinvenção e reinterpretação.

Melancolia

ANTONIO DELFIM NETTO | 29 DE MAIO DE 2002

Os oito anos de governo do presidente Fernando Henrique Cardoso só podem ser apreciados adequadamente se separarmos o primeiro mandato do segundo. O primeiro (1995-1998) consolidou a estabilização dos preços, iniciada quando ele ainda era ministro do presidente Itamar Franco. O Plano Real foi uma construção absolutamente brilhante e bem-executada.

Foi seguido, infelizmente, de uma medíocre política econômica apoiada no precaríssimo equilíbrio fiscal que nos acompanha até hoje. Para sustentar o câmbio valorizado, liquidou às pressas boa parte do patrimônio nacional e teve de endividar o país e o governo. As privatizações foram muito malfeitas, como agora é evidente. Em agosto de 1998, os indicadores mostravam que o Brasil estava insolvente: o crescimento era humilde (0,2%), com queda de 1,4% do PIB *per capita*; a taxa de juro Selic média do ano era de 29%, nada menos do que 27% de juro real; o déficit nominal era de 7,9% do PIB, com superávit primário nulo e a dívida líquida do setor público, que, em 1994, era de 28% do PIB, havia saltado para 42% do PIB; os déficits na balança comercial e em conta corrente foram, respectivamente, de US$ 6,6 bilhões e de US$ 33,5 bilhões (4,2% do PIB), e a dívida externa tinha passado de US$ 148,3 bilhões em 1994 para US$ 224 bilhões. O resultado "brilhante" foi a taxa de inflação de 1,7%, acompanhada do "horroroso" índice de desemprego de 8,3%!

O Brasil só não "quebrou", explicitamente, porque, em setembro, foi montada, no FMI, uma operação de salvamento (comandada pelo governo Bill Clinton) que emprestou ao Brasil US$ 45 bilhões que permitiram a tranquilidade eleitoral e o sucesso da reeleição. Duas semanas após a posse no segundo mandato, o mercado impôs a desvalorização do real. Iniciou-se um novo programa econômico ("made in Brazil", mas por inspiração do FMI), que diferia do anterior em nada menos que 180 graus: câmbio flutuante, metas inflacionárias e responsabilidade fiscal. Foi a partir daí que se deixou para trás a "farra fiscal" de 1995/1998 e produziram-se superávits primários de 3,5% do PIB de 1999 a 2002.

A octaetéride de FHC termina de forma melancólica. Em 2002, teremos um crescimento do PIB ligeiramente superior ao da população — talvez de 1,8% a 2% (menor que o do Chile — 3% — e igual ao do México). A taxa de inflação deverá ser da ordem de 6% (maior que a do Chile, 3%, e que a do México, 4%), com o desemprego rodando a casa dos 8% da população economicamente ativa. O déficit em conta corrente será de 3,9%, maior do que o do Chile (1,8%) e o do México (2,5%). A taxa de juro real dos papéis do governo será inferior à de 1998, mas ainda muito alta, talvez entre 11% e 12%, contra 2,5% no Chile e 3,5% no México.

O problema é que tudo continua apoiado numa "meia-sola" fiscal, sustentada pelo pior sistema tributário do mundo e numa restrita desvinculação da receita da União (DRU), que precisará ser renovada em 2003. Sempre olhando para os efeitos, e não para as causas, é melancólico ver o governo, em lugar de emprego e de salário, deixar o "Cartão Cidadão", que é o símbolo da não cidadania...

O novo governo, seja qual for, terá de mostrar ao país como vai enfrentar esse problema, como vai manobrar para reduzir a sua dívida bruta (hoje em 72% do PIB) e como vai ampliar as exportações e estimular a substituição competitiva das importações para atender aos serviços de US$ 400 bilhões de passivo externo. Só essas medidas poderão abrir espaço para reduzir o juro real, para aumentar o crescimento e para reduzir o desemprego.

Antonio Delfim Netto foi ministro da Fazenda (1967-1974), da Agricultura (1979) e do Planejamento (1979-1985). Exerceu também funções como embaixador na França (1975-1978) e deputado federal (1987-2007). Foi colunista da *Folha de S.Paulo* de 1986 a 2021. Morreu em 2024.

Plano Real tinha a cara de democracia

ELENA LANDAU

O Real foi um divisor de águas. Deixou para trás a hiperinflação herdada dos anos militares e iniciou um ciclo de estabilidade monetária. Não por acaso, os trinta anos do plano foram tão celebrados. São décadas sem cortes de zeros ou mudança de moeda. Mais de uma geração viveu sem saber o que é a maquininha de ajustar preços.

O plano trouxe muitas outras novidades em relação às tentativas anteriores. Veio acompanhado de várias medidas modernizantes, como a privatização e a abertura comercial, e de políticas sociais que foram ampliadas ao longo do tempo, como as que deram origem ao Programa Bolsa Família, ao Sistema Único de Saúde (SUS) e aos medicamentos genéricos, à criação do Fundo de Manutenção e Desenvolvimento do Ensino Fundamental e de Valorização do Magistério (Fundef) e ao combate ao analfabetismo por meio do programa Alfabetização Solidária, conduzido por Ruth Cardoso.

A transparência com que as suas várias etapas foram sendo divulgadas e explicadas à sociedade nem sempre teve o destaque que merece. Até ao Programa Silvio Santos FHC compareceu. O ministro da Fazenda, Rubens Ricupero, foi incansável nas entrevistas.

Nada de congelamentos ou confiscos. Nada de apelar para um AI-5. Esse conjunto de iniciativas é o avesso dos anos Delfim Netto. Foi ministro da Fazenda, da Agricultura e do Planejamento no período de 1964 a 1979, um dos mais poderosos da ditadura militar. Apesar de ter sido sempre relacionado ao "milagre econômico", o seu verdadeiro legado, escondido nas gavetas, foi extremamente danoso ao país.

Quem não se lembra do bordão "crescer para depois dividir"? Mas o rato comeu o bolo. A concentração de renda se agudizou, e o país entrou na crise dos anos 1980, conhecida como a "década perdida", a primeira delas. A segunda ocorreu sob comando de Dilma Rousseff, cujo governo recebeu o apoio do ex-ministro.

Os seus anos no comando da economia devem ser lembrados pela manipulação dos índices de preços e da correção monetária, que gerou a desconfiança no pagamento da dívida pública, estando na raiz dos juros reais elevados que o Tesouro paga até hoje. Recursos externos foram trazidos por meio de estatais, cujo endividamento tornou a privatização inevitável. A inflação acelerou, atingindo 100% no ano final do seu mandato.

A herança negativa veio apesar do uso de instrumentos da ditadura. Delfim assinou o AI-5 e nunca se arrependeu. Chegou a afirmar que o ato institucional teria sido pouco. Por tudo isso, causa espanto o prestígio que conseguiu manter durante os anos de democracia.

Não surpreende que ele tenha sido um crítico ferrenho do Plano Real, um programa inteligente, transparente e a cara da democracia. Delfim aliou-se a Lula na oposição ao governo. A renda real aumentou, o orçamento e o planejamento do governo e das famílias passaram a fazer sentido; a transição da unidade real de valor (URV) para real foi rápida por conta de uma população cansada de correr para o supermercado no primeiro dia do mês.

FHC recebeu um país em crise. O Estado brasileiro estava falido, e as empresas estatais, sucateadas. Os orçamentos federais e estaduais se aproveitavam da corrosão de despesas pela inflação.

A estabilidade da moeda permitiu a criação de políticas de transferência, como o Bolsa Escola e o Vale Gás. O Cadastro Único foi implementado em seu governo, assim como o programa Luz no Campo. Deu liberdade ao Banco Central, o Comitê de Política Monetária (Copom) do Banco Central foi criado, e o tripé macroeconômico — câmbio flutuante, metas de inflação e metas de superávit fiscal — foi estabelecido.

Em 1995, aprovou emendas constitucionais eliminando o monopólio da União em telecomunicações e o da Petrobras na exploração de petróleo. Aprovou a Lei de Concessões, da sua autoria enquanto senador, e criou as agências reguladoras. Incluiu Vale, Telebras e Eletrobras no programa de desestatização.

Privatizou dezenas de empresas, enxugou o Estado e aumentou a eficiência da economia. A Embraer se tornou uma das mais importantes empresas do mundo. E os serviços de eletricidade e telefonia foram universalizados.

Por não entender a engenhosidade do plano ou por miopia política, Delfim errou. O legado de Fernando Henrique é imenso. Deu o pontapé inicial para mudar o país ao longo desses quarenta anos de democracia.

Elena Landau é formada em economia e direito, com mestrado em economia, todos pela Pontifícia Universidade Católica do Rio de Janeiro (PUC-Rio). Durante o governo FHC, foi diretora do Programa Nacional de Desestatização no Banco Nacional de Desenvolvimento Econômico e Social (BNDES). Presidiu o conselho de administração da Eletrobras e foi professora do Departamento de Economia da PUC-Rio e da Faculdade de Direito da Fundação Getulio Vargas (FGV-Rio). É organizadora e coautora do livro *Regulação jurídica do setor elétrico* (2011, Lúmen Júris) e atua como consultora, com foco em direito econômico e regulação.

MARIO AMATO § LUIZA HELENA TRAJANO

O novo papel das empresas

Em 1985, quando o país se movimentava rumo à retomada da democracia, Mario Amato — que no ano seguinte assumiria a presidência da Federação das Indústrias do Estado de São Paulo (Fiesp) — defendeu que a consolidação do sistema no Brasil exigiria não apenas instituições políticas sólidas, mas também um empresariado consciente de sua responsabilidade pública. Amato falava em livre iniciativa comprometida com o interesse coletivo, em entidades representativas abertas ao diálogo e em lucros que gerassem impacto social.

A empresária Luiza Helena Trajano atualiza esse chamado quatro décadas depois, à luz das transformações econômicas, sociais e ambientais que moldaram o novo papel das empresas. Lidos em sequência, os dois textos traçam uma linha do tempo que vai da redemocratização às políticas ESG (ambientais, sociais e de boa governança), mostrando como o discurso empresarial evoluiu — e onde ele ainda falha.

A responsabilidade do empresariado

MARIO AMATO 24 DE NOVEMBRO DE 1985

O Brasil é hoje, de novo, um vasto canteiro de obras.

Mais do que obras físicas, propostas por economistas e executadas por engenheiros, estamos hoje empenhados, no entanto, na construção e reconstrução de instituições jurídicas, políticas e sociais que nos coloquem definitivamente no rumo do destino das grandes potências democráticas.

Somos a oitava economia do mundo — frase que desperta orgulho em uns, desdém em outros, ironias em terceiros. De qualquer forma, alcançamos o estágio de desenvolvimento em que nos encontramos graças, em grande parte, ao papel que nele desempenhou o Estado brasileiro. Mas a enorme influência do Estado em nosso desenvolvimento custou-nos um preço. O preço de um quadro institucional do qual decididamente não podemos nos orgulhar, reconhecido praticamente por todas as correntes que labutam em nosso "canteiro de obras" político: um Estado poderosíssimo para uma sociedade fraca.

O reequilíbrio dessa relação, desse binômio sociedade-Estado, não deve nem pode ser buscado somente pela diminuição da presença do Estado em nossa economia. Ao contrário, ele será muito mais proveitoso e construtivo se o fortalecimento da sociedade se concretizar.

Partidos, sindicatos, entidades de classe, associações profissionais, representações civis dos mais diversos grupos e contingentes de cidadãos são as instituições a serem fortalecidas para pleitear, frente ao Estado e seus organismos, aquilo que lhes pareça ser o melhor e o mais indicado para a nação. Julgar, avaliar, intermediar, balancear e implementar esses pleitos, sempre à luz do mais amplo e mais alto interesse público, é a função do Estado e a tarefa dos governantes esclarecidos.

A Fiesp, como entidade de classe, vem se preparando há muito para a atuação democrática que dela se espera no novo cenário nacional. Seu atual presidente, Luís Eulálio de Bueno Vidigal Filho, não apenas deu à entidade expressão política dinâmica e lúcida como pôs em prática, antes de mais nada, dentro da própria entidade, princípio democrático dos mais salutares, limitando a apenas uma reeleição o mandato de cada presidente eleito, contribuindo desse modo para superar uma herança de um Brasil cartorial: a eternização de dirigentes de entidades representativas. Fato que em si mesmo, e no contexto histórico em que prevaleceu, não constituía necessariamente um mal. Mas que exorbitou o período de vida útil, digamos, e que simplesmente não correspondia mais às circunstâncias históricas que a nação atravessava.

E qual o papel da Fiesp nessas novas circunstâncias?

No amplo debate que está acontecendo e que deve ser aprofundado com a Constituinte, caberia à Fiesp posicionar-se com atitudes firmes em defesa das ideias em que acreditamos, demonstrando que o capitalismo voltado para o benefício da coletividade ainda é a melhor opção para o Brasil. A tarefa de implementar as transformações econômicas, políticas e sociais que respondam aos mais legítimos anseios da nossa sociedade tem que se fundamentar na nossa capacidade de resolver consensualmente os nossos problemas, dentro de uma sociedade liberal, sem luta de classes e no usufruto do mais alto grau de liberdade. A ideologia de uma sociedade encerra uma clara opção ética, uma justificativa de vida, um estilo de convivência, um determinado arranjo institucional. Quando defendemos a livre iniciativa, quando pregamos a necessidade de os empresários falarem a mesma linguagem, não estamos reivindicando privilégios para uma determinada classe, mas nos referindo a conceitos-símbolos fundamentais no nosso modo de vida democrático e ocidental, que impõem muito mais deveres do que direitos.

A liberdade de iniciativa, em qualquer campo, mas no campo empresarial também, é o esteio, estou certo, da liberdade dos cidadãos *tout court*. Mas a liberdade de iniciativa e de empreender, preocupada com o social e voltada para o interesse da coletividade, é ainda mais asseguradora do regime autenticamente democrático que todos almejamos. Nenhum empresário deve ter vergonha do lucro da sua empresa, na medida em que é esse lucro que vai permitir a ela criar mais riquezas para o país e maiores oportunidades para a coletividade. E são empresas fortes, com instituições sociais fortes, que vão equilibrar o poder do Estado e permitir ao cidadão que se proteja ou se liberte dos seus excessos. É nesse sentido que a atividade empresarial privada constitui elemento imprescindível para a harmonia e o equilíbrio de poderes dentro da sociedade. Asseguram, portanto, o processo de consolidação democrática.

O presidente da Fiesp, ou qualquer entidade de classe, nesse contexto, é o fiel representante e porta-voz de uma filosofia, de um princípio geral que interessa a todos os seus representados, em qualquer circunstância. Além disso, é também o representante do pensamento e dos interesses dos representados em cada circunstância específica da vida da entidade, seja no relacionamento com a comunidade, com os governos, com outras entidades empresariais ou trabalhistas, seja no contato com órgãos de opinião pública.

O pensamento e os interesses do mando industrial paulista preferem caminhos conhecidos, experiências comprovadamente bem-sucedidas, escolhas prudentes e bem-analisadas. Por isso é conservador. A atividade empresarial em si mesma já é feita de riscos cotidianos. Nenhum empresário sente-se inclinado a acrescentar aos seus riscos econômicos e financeiros os riscos de experiências ou inovações políticas e sociais, exóticas ou teóricas. Não obstante, o espírito prático de que somos dotados nos permite sentar à mesa de negociações com quem quer que seja, aceitando discutir soluções criativas e claras para quaisquer problemas concretos. Fato que temos demonstrado permanentemente nas nossas negociações com sindicatos de trabalhadores. Negociações que desejamos cada vez mais objetivas e profissionais, democráticas porque isentas de preconceitos, segundas intenções e postulações de natureza ideológica.

É com base nessas ideias que devemos trabalhar no sentido de ajudar o Brasil a encontrar, em paz, o formidável destino que merece.

Mario Amato foi um empresário dos setores de máquinas, móveis e eletroeletrônica. Exerceu os cargos de presidente da Fiesp de 1986 a 1992 e da Confederação Nacional da Indústria (CNI) de 1994 a 1995. Morreu em 2016.

A vocação social e ambiental do empresariado

LUIZA HELENA TRAJANO

O artigo de Mario Amato, publicado em 1985, reflete um momento de transição no Brasil, quando o país caminhava para a redemocratização e o empresariado começava a perceber a sua responsabilidade não apenas na economia, mas também na construção institucional e política da nação.

As suas reflexões sobre o papel do empresariado na reconstrução institucional do país demonstram uma preocupação legítima com a necessidade de participação ativa do setor privado na formulação das políticas públicas e na definição dos rumos da economia nacional.

Desde a redemocratização, o Brasil experimentou diferentes graus de intervenção estatal na economia. A década de 1990 foi marcada por privatizações e abertura de mercado, enquanto os anos 2000 trouxeram políticas de incentivo ao consumo e maior presença estatal. Mais recentemente, o debate sobre o papel do Estado e do setor privado se acentuou, especialmente diante dos desafios fiscais e das desigualdades sociais.

O empresariado assumiu o seu papel de protagonista na promoção de um ambiente democrático mais sólido e participativo. Além de gerar empregos e impulsionar a inovação, as empresas devem atuar como agentes de transformação social. A evolução da consciência empresarial ao longo das últimas décadas levou ao fortalecimento da governança corporativa, da responsabilidade social e da promoção da diversidade e da inclusão.

O avanço da agenda ESG reforça a importância da responsabilidade social e ambiental como fator determinante para a longevidade dos negócios. As empresas passaram a ser cobradas por sua atuação em causas sociais, ambientais e de governança, não apenas pelo governo e pela sociedade civil, mas também por investidores, consumidores e pelo próprio mercado financeiro. A responsabilidade do empresariado agora vai muito além da geração de empregos e tributos; inclui compromissos com sustentabilidade, diversidade, inclusão e impacto social positivo.

Outro aspecto importante dessa evolução foi o crescimento do empreendedorismo. Se, nos anos 1980, o Brasil era marcado por uma economia dominada por grandes indústrias e forte influência estatal, nas décadas seguintes o país assistiu a uma explosão do setor de serviços e do empreendedorismo individual. Pequenos e médios empresários passaram a ocupar um papel de destaque na economia, exigindo uma nova postura das entidades representativas, que antes eram mais focadas na indústria.

A democratização do Brasil também fortaleceu as instituições e ampliou o espaço para a participação empresarial em diversas esferas da sociedade. Diferentemente da época em que o artigo foi escrito, quando a relação entre empresários e Estado era vista como essencialmente corporativa, hoje há um movimento crescente de participação ativa das empresas em discussões sobre políticas públicas, inovação e desenvolvimento sustentável.

O Brasil percorreu um longo caminho desde os tempos de Mario Amato. A democracia se consolidou e permitiu avanços significativos nos campos econômico e social. O empresariado, antes visto apenas como um ator econômico, assumiu um papel mais abrangente, reconhecendo sua responsabilidade na construção de uma sociedade mais justa e sustentável. O desafio, portanto, não é apenas crescer, mas crescer de forma responsável e inclusiva.

Luiza Helena Trajano é presidente do conselho de administração da rede de lojas Magazine Luiza. Formada pela Faculdade de Direito de Franca, foi eleita pela revista *Time* como uma das cem pessoas mais influentes do mundo, em 2021. Também lidera o grupo Mulheres do Brasil, uma organização que reúne mais de 130 mil mulheres em núcleos no Brasil e no exterior, com o propósito de contribuir para políticas públicas.

Transição para a democracia

Desafios da Presidência

Desafios da segurança pública e do Judiciário

Desafios da desigualdade e da economia

Desafios da inclusão

Desafios do desenvolvimento sustentável

Democracia em disputa

Democracia ameaçada

ABDIAS NASCIMENTO § LUIZ AUGUSTO CAMPOS

Cotas como instrumento de democratização

Os textos de Abdias Nascimento e Luiz Augusto Campos estabelecem uma interlocução potente entre diferentes momentos da trajetória democrática brasileira.

Escrito em 2006, o artigo de Abdias — então com 92 anos e reconhecido como o mais longevo ativista antirracista do país — denunciava a persistência do racismo e propunha a ação afirmativa como instrumento de democratização. O seu testemunho, simultaneamente histórico, político e pessoal, antecipava muitos dos dilemas que o sociólogo Campos analisa com base em dados empíricos e interpretações sociológicas.

Os dois artigos produzem uma linha de continuidade crítica, demonstrando que a inclusão racial, longe de constituir uma pauta setorial, é um elemento central na construção de um projeto democrático para o Brasil.

Ação afirmativa: o debate como vitória

ABDIAS NASCIMENTO 7 DE JULHO DE 2006

Da tribuna da Câmara, costumava dizer que a abolição da escravatura no Brasil não passava de uma bela mentira cívica. Hoje posso reafirmá-lo com o apoio de pesquisas quantitativas produzidas nas últimas décadas por instituições respeitadas como o IBGE e o Dieese,* que vêm revelando a extensão do hiato entre negros e brancos no Brasil.

A diferença nos salários, na escolaridade, na expectativa de vida e na mortalidade infantil mostra uma desigualdade racial tão ampla, persistente e difusa que não pode ser explicada pela herança da escravidão ou pelas diferenças de classe.

Pesquisas qualitativas mostram os mecanismos de racismo nas escolas e nos meios de comunicação, responsáveis por manter, reforçar e atualizar a imagem (e autoimagem) negativa da população negra. A polícia e o Judiciário dispensam um tratamento discriminatório aos afro-brasileiros no contexto de um quadro de violência em que os jovens negros sofrem uma elevadíssima taxa de mortalidade.

Tudo isso contribui para manter a população negra afastada das riquezas do país, na base da pirâmide social, nas piores condições de

---

* Instituto Brasileiro de Geografia e Estatística (IBGE) e Departamento Intersindical de Estatística e Estudos Socioeconômicos (Dieese) (*N. dos orgs.*).

saúde e habitação. Agregado à ideologia do branqueamento, esse quadro me levou a denunciar o genocídio contra os negros no Brasil. Levantamentos feitos por órgãos de pesquisa encontram eco em relatórios como os da OEA (Organização dos Estados Americanos) e da Comissão dos Direitos Humanos da ONU. O mito da "democracia racial" vem sofrendo um golpe de morte, apesar dos esforços revivalistas de uma pequena elite acadêmica.

O movimento negro e seus aliados nas arenas da academia, da política e da mídia passaram a elaborar e propor medidas, não para acabar com o racismo e a discriminação, o que seria demasiado ambicioso, mas para elevar a autoestima da população negra e proporcionar-lhe um grau de igualdade de oportunidades.

Desde 2001, medidas de ação afirmativa têm sido adotadas pelo governo federal, por estados e municípios, nas áreas do ensino superior e do funcionalismo público.

O sistema de cotas para negros (e também para indígenas, segundo a região) está sendo implementado por cerca de trinta universidades públicas, federais e estaduais, com resultados que superam as expectativas: as notas dos alunos cotistas são semelhantes às dos demais, desmentindo as previsões catastrofistas anunciadoras de uma possível queda do padrão de ensino. Há vários exemplos de alunos cotistas cujo desempenho acadêmico supera a média atingida pela maioria de seus colegas não cotistas.

Outra conquista da luta antirracista foi a Lei nº 10.639, que inclui o ensino da história e da cultura africanas e afro-brasileiras nos currículos escolares, com o que se pretende abalar um dos pilares da construção de estereótipos racistas.

Como não poderia deixar de ser, setores da elite branca passaram a articular uma reação. A mídia tem tido papel de destaque nesse processo, fabricando uma "opinião pública" contrária à ação afirmativa por meio de reportagens tendenciosas e editoriais apocalípticos. Enquanto isso, setores da elite acadêmica se empenham em desqualificar as pesquisas sobre desigualdade racial, em um comportamento semelhante ao de políticos em véspera de eleição.

Ao mesmo tempo, a noção de que raça não existe, hoje predominante na biologia, é transplantada para a vida social. Em um passe de mágica, deixam de existir as raças como categorias sociais historicamente construídas e também o racismo. A intenção dessa falsificação canhestra é transformar os negros de alvos em produtores do racismo.

A realização, em poucos dias, de duas manifestações, uma contra e outra a favor da ação afirmativa, mostra que existe vida inteligente dos dois lados do debate.* A discussão que ora se trava não será decidida no âmbito das ciências jurídicas, sociais ou econômicas, já que nelas encontramos elementos favoráveis às duas posições.

Trata-se de um debate eminentemente político, que reflete a visão de mundo dos que dele participam, e também — o que se costuma deixar de lado — as posições que cada um ocupa na sociedade. Esse debate, em uma sociedade que antes se refugia nas fantasias da "democracia racial", é o melhor produto da ação afirmativa até o momento.

De minha parte, tenho certeza de que a ação afirmativa favorece a nação brasileira, ampliando as oportunidades abertas à maioria de nossa juventude para que esses meninos nos ajudem a superar as dificuldades que nos afligem há séculos.

Abdias Nascimento foi um ativista, escritor, político e artista, reconhecido como um proeminente defensor dos direitos da população negra no Brasil. Fundou entidades pioneiras como o Teatro Experimental do Negro e o Instituto de Pesquisas e Estudos Afro-Brasileiros (Ipeafro). Durante o exílio nos Estados Unidos, foi professor na Universidade do Estado de New York e na Universidade de Yale. No regresso ao Brasil, foi senador (1991-1999) e deputado federal (1983-1986). Morreu em 2011.

* Em 2006, o debate sobre cotas raciais dividiu intelectuais. O manifesto "Todos têm direitos iguais na República" posicionou-se contra. Em resposta, o "Manifesto em favor da Lei de Cotas e do Estatuto da Igualdade Racial", subscrito por Abdias Nascimento, defendeu a medida no Congresso (*N. dos orgs.*).

Abdias e a esperança democrática

LUIZ AUGUSTO CAMPOS

O ano de 2006 não foi fácil para a democracia brasileira. Escândalos de corrupção corroíam a popularidade do primeiro governo Lula, o que chegou a colocar em xeque a sua continuidade. Mas não era apenas esse o tema que dominava o debate público naquele momento. Embora o jargão político ainda não falasse em "polarização", havia desde 2001 uma intensa e dividida polêmica em torno das chamadas "cotas raciais" que algumas universidades brasileiras começavam a adotar em seus vestibulares.

Não havia muitos motivos para otimismo democrático. Essa, contudo, não era a percepção de Abdias Nascimento, então com 92 anos e o mais longevo ativista antirracista do país. Abdias havia participado de todos os grandes movimentos negros do século XX, sempre navegando contra a corrente hegemônica. Surpreende, portanto, o seu otimismo em relação ao futuro do Brasil naquele julho de 2006, quando não apenas destacava os efeitos positivos das cotas raciais já implementadas como também as considerava uma medida central para a consolidação da democracia brasileira.

De fato, as cotas refundaram muitos aspectos da sociedade brasileira. Se, em 2001, pretos e pardos ocupavam cerca de 30% das vagas no ensino superior público, em 2020 eles ultrapassaram os 50%. As transformações econômicas foram ainda mais marcantes: as classes C, D e E somavam menos de 20% das vagas no sistema e hoje também ocupam mais da metade delas. Mudanças semelhantes ocorreram no funcionalismo público, onde as lideranças negras e indígenas cresceram 17% em 25 anos.

Mas essas políticas não trouxeram benefícios apenas à população negra e pobre brasileira; elas também diversificaram as principais vias de ascensão social do país e, sobretudo, democratizaram parte de nossa classe dirigente. Forjadas originalmente para reproduzir as elites no poder e legitimar nossas desigualdades, a universidade e as carreiras do serviço público hoje contribuem para diversificar o topo da pirâmide social, incumbido de pensar e gerir a democracia brasileira. Ainda em grande medida reservado aos brancos, esse estrato vem aos poucos se abrindo aos contingentes mais representativos da população.

Isso não significa, porém, que as cotas tenham resolvido as abissais desigualdades brasileiras — muito menos que estejam protegidas de retrocessos. Ao contrário: a participação do ensino superior público nunca foi tão pequena em comparação com o sistema privado, responsável hoje por 80% das matrículas. Embora venha contribuindo para diversificar os estratos superiores da pirâmide social, as ações afirmativas não têm alcançado a mesma eficácia no âmbito da elite política, ainda hegemonicamente branca e masculina.

Como se não bastasse, a pauta antirracista tem sido alvo de ataques da extrema direita à esquerda, sob o pretexto de ser particularista e "identitária". Tudo isso em um contexto em que as desigualdades raciais e socioeconômicas seguem em níveis estratosféricos, refletindo-se não apenas na persistência das disparidades econômicas entre brancos e negros, mas também nas taxas de letalidade e encarceramento infinitamente maiores entre estes últimos.

Daí a centralidade de um projeto de ação afirmativa mais ousado — talvez como aquele almejado por Abdias. Autor do primeiro projeto legislativo de ações afirmativas no Brasil, em 1983, ele já antevia a importância de medidas capazes de diversificar outros campos da sociedade, como a política e, sobretudo, o mercado privado. Adotadas em países como Estados Unidos, Índia, África do Sul, entre outros, essas medidas ainda engatinham no Brasil. Para que a abalada democracia brasileira possa se reconstruir, é vital avançar nesse caminho.

Luiz Augusto Campos é professor de sociologia e ciência política no Instituto de Estudos Sociais e Políticos da Universidade do Estado do Rio de Janeiro (Iesp-Uerj), onde também obteve o doutorado em sociologia. É editor-chefe da revista *Dados* e coordena o Grupo de Estudos Multidisciplinares da Ação Afirmativa (GEMAA). É coautor dos livros *Raça & eleições no Brasil* (2020, Zouk) e *Ação afirmativa: conceito, debate e história* (2018, EdUERJ).

SUELI CARNEIRO § THULA PIRES

O racismo que legitima privilégios

A democracia brasileira não se sustenta sem enfrentar o racismo como um dos seus pilares estruturais. Publicado em 1999, o texto da ativista e escritora Sueli Carneiro é um grito lúcido contra o projeto de país construído a partir da exclusão da população negra e da naturalização da branquitude. Ela desmascara a forma como o imaginário nacional, nutrido pela mídia, silencia e inferioriza a população negra para legitimar privilégios e apagamentos históricos.

Vinte e cinco anos depois, a professora de direito Thula Pires aprofunda esse diagnóstico, detalhando como a ausência de liberdade negra compromete o próprio projeto democrático. O que está em jogo, em sua análise, é menos o acesso à democracia e mais a urgência de refundá-la sobre bases antirracistas.

"Terra Nostra" só para os italianos

SUELI CARNEIRO

27 DE DEZEMBRO DE 1999

Em um recente seminário em Brasília, o deputado Aloizio Mercadante comentou sobre o impacto positivo que a novela *Terra Nostra* tem tido sobre a autoestima da comunidade italiana. Autoestima que, de tão elevada, estaria promovendo a revitalização das festas tradicionais da comunidade. Os negros, ao contrário, permanecem se defrontando nessa novela com as questões básicas que envolvem as suas contradições com a mídia em geral: a invisibilidade ou a visibilidade perversa, recheada de estereótipos.

O sociólogo Muniz Sodré diz que a TV brasileira está para o negro assim como o espelho está para o vampiro. O negro olha: não se reconhece, não se vê! Em *Terra Nostra*, o barão do café pondera com seu contratador sobre a impossibilidade de abrigar os italianos nas senzalas desertas pela abolição. Diz ele: "São brancos. Trazem no coração o espírito da liberdade. Não vão aceitar essa história de senzala."

Em outro momento da trama, assistimos ao menino Tiziu reclamar de sua sorte ingrata com a seguinte frase: "Deus não quis me embranquecer." Imagine o impacto dessas frases na autoestima da comunidade negra, especialmente sobre as crianças negras.

Em um diálogo entre o negrinho Tiziu e o italiano Matteo, o menino diz ao italiano que se ele não se comportar direito o capataz o colocará no tronco como fazia com os negros. Matteo, o herói italiano, reage dizendo que, se o capataz tentar colocá-lo no tronco, será um homem morto.

Essa é a chave explicativa dessas construções estereotipadas. A mensagem subliminar é a de uma suposta resignação dos negros à escravidão, cujo sentido é o de ressaltar a bravura, o orgulho e a garra do branco imigrante, que jamais se submeteria aos tratamentos dispensados aos negros. Garra, orgulho e bravura seriam atributos que só a brancura pode dar.

Considerando que os personagens negros não têm relevância na trama, a sua presença e a imagem negativa que veiculam prestam-se unicamente a ratificar a suposta superioridade do branco.

A subserviência e o infantilismo dos personagens negros reiteram a visão preconceituosa de uma humanidade incompleta do negro, que se contrapõe à completitude humana do branco, mesmo que sejam brancos de classes subalternas, como é o caso dos imigrantes de *Terra Nostra*.

Essa estereotipagem justifica a exclusão e a marginalização histórica do negro. Ela legitima um projeto de nação que vem sendo construído nesses quinhentos anos: de hegemonia branca e exclusão ou admissão minoritária e subordinada de negros, indígenas e não brancos em geral. E é esse projeto de nação que o imaginário televisivo busca consolidar para o próximo milênio.

Um projeto que faz, intencionalmente, uma leitura do passado que omite a violência da escravidão e as diversas formas de resistência a ela desenvolvidas pelos negros, a abolição inconclusa e o papel da imigração na estratégia das elites de branqueamento da nação. E quando reconhece alguma dessas questões, o faz por intermédio de personagens brancos, consubstanciando uma imagem estigmatizadora do negro como um ser que tem de ser tutelado pelo branco.

Um projeto que invisibiliza as lutas do presente por igualdade de direitos e oportunidades e pela afirmação da identidade étnico-

-cultural, as reivindicações de políticas públicas inclusivas, os exemplos heroicos de sobrevivência numa sociedade hostil e excludente em relação aos negros.

A reflexão do deputado federal Ben-Hur Ferreira (PT-MS) sintetiza o sentido último dessas imagens: "Tendo como pano de fundo, inequivocamente, as comemorações dos quinhentos anos, a novela opta por uma leitura do passado que reforça a violência racial do presente e retira qualquer possibilidade de futuro em igualdade de condições de cidadania para milhões de brasileiros não brancos."

Sueli Carneiro é uma das principais referências do movimento negro no Brasil. Doutora em filosofia da educação pela Universidade de São Paulo (USP), fundou o Geledés — Instituto da Mulher Negra em 1988, é autora de uma obra influente no campo dos direitos humanos e do feminismo negro, que inclui *Escritos de uma vida* (2019, Jandaíra) e *Dispositivo de racialidade* (2023, J. Zahar). Laureada com prêmios como o Vladimir Herzog (2020), foi a primeira mulher negra a receber o título de doutora honoris causa da Universidade de Brasília (UnB).

Sem liberdade negra, sucumbiremos

THULA PIRES

Os últimos quarenta anos merecem comemoração e reflexão. Nesse período, as instituições de defesa da democracia conseguiram se manter firmes o suficiente para não sucumbir diante de dois impeachments — contra o ex-presidente Fernando Collor, em 1992, e contra a ex-presidenta Dilma Rousseff, em 2016, cuja destituição foi injustificada —, além de resistirem aos atos golpistas contra os Três Poderes da República, em 8 de janeiro de 2023.

Outro elemento que também se manteve firme, porém sob outra lógica, foi o racismo — presente de forma estrutural na atuação de instituições públicas e privadas. É sobre ele que trata o texto "'Terra Nostra' só para os italianos", de Sueli Carneiro, escrito em 1999. Naquele momento, a autora analisava o processo de branqueamento como imposição estatal da supremacia branca. Aqui, retomamos sua provocação para refletir sobre a ausência de reconhecimento da luta negra contra a ditadura empresarial-militar. "Ainda estamos aqui", a despeito do terror racial e sexual promovido sistematicamente pelo Estado brasileiro.

As políticas de branqueamento da população brasileira, intensificadas sobretudo no pós-abolição, ancoravam-se no racismo científico do século XIX, que associava o atraso do país à presença majoritária de pessoas não brancas. Para garantir o que se entendia como condição necessária ao progresso nacional, o Estado brasileiro investiu em políticas de atração de trabalhadores europeus livres, enquanto impedia a entrada de imigrantes africanos e asiáticos (Decreto nº 528, de 28 de junho de 1890). Variando de acordo com o período, foram concedidos a esses imigrantes benefícios como custeio de viagens, lotes de terra, subsídios, animais de tração, liberdade de culto e isenções tributárias — medidas que jamais foram estendidas à população negra, nem antes nem depois da abolição formal, em 1888.

Na televisão, a figura altiva e livre do imigrante italiano era exaltada, ao lado de personagens negros infantilizados, desumanizados e apagados da narrativa nacional. Tudo isso em um momento em que a ação política negra desestabilizava o pacto narcísico das elites brancas. Só uma narrativa supremacista defende a humanidade de uns a partir da desumanização de outros. Tivesse a novela escolhido apresentar os dados históricos, poderia ter contribuído para a construção de uma memória coletiva comprometida com a dignidade humana. Nesse caminho, teria sido aliada nas disputas por ações afirmativas voltadas às populações historicamente violentadas neste território.

Entre as décadas de 1960 e 1990, os movimentos negros, especialmente os de mulheres negras, enfrentaram o mito da democracia racial. Organizaram-se politicamente, disputaram o projeto constituinte de 1988 e, a partir de então, passaram a construir e a reivindicar políticas públicas de enfrentamento ao racismo patriarcal cis-heteronormativo, atuando tanto no interior das instituições quanto por caminhos não parametrizados por essas.

Negar que essa atuação foi central para o fim da ditadura é desumanizar essas trajetórias, é nos arrancar a condição de sujeitos históricos e políticos. Essa recusa sequestra a memória, a verdade e a justiça, interditando os processos de não repetição que deveriam dela decorrer.

Como consequência, amplia-se a fragilidade da democracia que fomos capazes de construir. A recusa em enfrentar as hierarquias que sustentaram os regimes de violência extrema — da colonial à ditatorial — resultou em uma democracia que se acumpliciou com o encarceramento em massa de pessoas negras, com a institucionalização de crianças e adolescentes negros, com as fraudes nas políticas de ação afirmativa, com a precarização do trabalho, com a legitimação de discursos e práticas de ódio, com desterritorialização nas favelas e de povos tradicionais. A política de morte social termina o serviço que a letalidade promovida pelas forças de insegurança pública e pelo não acesso à saúde desencadeiam.

Como alertava Sueli Carneiro, os meios de comunicação — em especial a televisão — desempenham um papel ativo na legitimação de um projeto de nação centrado na hegemonia branca e na exclusão sistemática de negros, indígenas e demais não brancos. A penetração colonial moldou uma cultura institucional e subjetiva baseada na violação de corpos e territórios negros, que passou a determinar os sentidos da moralidade e da ordem públicas. Negar os processos de resistência negra mantém essa lógica viva, fazendo da sujeição negra a moeda forte de mercados, elites e aparatos de controle.

As muitas formas de adjetivar o racismo — estrutural, institucional, religioso, ambiental, patriarcal, homotransfóbico, algorítmico — só reforçam a centralidade do substantivo que os antecede. O racismo produz fortunas para uns e miséria para outros, gerando heranças desiguais conforme a posição social, racial e sexual de cada um. Mas, como no mercado financeiro, toda bolha um dia estoura. Um mundo que não é capaz de garantir a existência plena de todas as formas de vida está condenado ao colapso. As trombetas já estão tocando. A libertação de todos, todas e todes é a condição mínima que a Terra impõe para que possamos seguir existindo.

Thula Pires é professora do Departamento de Direito da Pontifícia Universidade Católica do Rio de Janeiro (PUC-Rio), onde coordena o Programa de Pós-graduação em direito e o Núcleo Interdisciplinar de Reflexão e Memória Afrodescendente (Nirema). Com mestrado e doutorado em direito constitucional e teoria do Estado pela PUC-Rio, foi professora visitante na Universidade de Cape Town. É autora de *Criminalização do racismo: entre política de reconhecimento e meio de legitimação do controle social sobre os negros* (2016, Brado Negro).

HELIO SANTOS § LUCIANY APARECIDA

Cidadania negra

Quando o professor Helio Santos escreveu o seu artigo, em 1986, o Brasil se aproximava do centenário da abolição da escravatura. Ele criticava a celebração do 13 de maio — dia em que o trabalho escravo foi oficialmente abolido, em 1888 — e apontava para um racismo estrutural que, por ser velado, se tornava ainda mais eficiente. Propunha transformar a data oficial em um convite à reflexão e à construção de cidadania para a população negra.

Quase quarenta anos depois, a escritora Luciany Aparecida argumenta que a luta pela democracia racial também se escreve com literatura, memória e imaginação crítica. Os dois textos nos convidam a percorrer esse caminho de resistência e de criação, onde palavra e política caminham juntas.

Caminhos e perspectivas do negro brasileiro

HELIO SANTOS 13 DE MAIO DE 1986

> "A felicidade do negro é
> a felicidade guerreira"
> Gilberto Gil

O 13 de maio é um marco histórico que vem sendo contestado pelo movimento negro brasileiro há algum tempo, sobretudo a partir de meados da década de 1970. Todos sabemos que a abolição da escravatura, que hoje faz 98 anos, não representou uma liberdade que trouxe em seu rastro a cidadania plena para os antigos escravos e seus descendentes. É desnecessário evidenciar aquilo que todos conhecem: a discriminação racial, velada e eficaz, que se comete contra o negro em nosso país. A propalada democracia racial caiu em desuso, posto que se desmoralizou. A comunidade científica a refuta com veemência, a partir de dados superabundantes, e a sociedade, como um todo, nela não crê, pois não a vive em seu cotidiano.

Entretanto, o 13 de maio, em nossa opinião, não deve mais se prestar para uma comemoração às avessas, isto é, de protesto contra aquilo que efetivamente não ocorreu em sua plenitude — em uma só palavra: liberdade. Liberdade para a autorrealização humana sem freios e contrafreios, físicos, psicológicos, econômicos e morais. E isso, sem dúvida, é o que deve ser o centro das preocupações de quem quiser estar nesta luta contra um forte inimigo que, na maioria das vezes, vem tergiversando pelas suas mil caras.

É fartamente sabido por quem se dedica a estudar a teoria da questão racial brasileira que a maior dificuldade encontrada para se combater o racismo aqui é a maneira aparentemente sutil e leve como ele acontece. Por outro lado, também é reconhecido por todos que a maior fraqueza do racismo dos Estados Unidos foi a forma dura e cruel de que ele se revestia, em flagrante contraste com a doutrina jurídica daquele país. Isso posto, temos em aberto o sentido novo que gostaríamos de dar às comemorações do 13 de maio em nosso país daqui por diante. Esta é uma data consagrada pela mídia e pelos órgãos oficiais, façamos dela uma data de reflexão construtiva sobre a realidade do negro brasileiro, de onde possamos extrair uma teoria e uma prática consistentes entre si, no sentido de avançarmos para rompermos as barreiras da discriminação racial.

Todos sabemos, a luta do negro é uma questão específica. O Movimento Negro Brasileiro tem de estabelecer uma teoria específica, realística e desapaixonada; até porque até hoje não conseguimos, e também não procuramos, obter uma referência teórica com início, meio e fim, capaz de ter a mobilidade necessária para as adequações próprias de um percurso que está contido dentro de um processo maior, que é o da democracia como um todo, a qual, por sua vez, é irmã siamesa da democracia racial. O Movimento Negro Brasileiro, sem uma teoria específica como referência e com uma prática equivocada, que procurava tratar o inimigo, às vezes invisível, da mesma forma em que este era tratado pelos militantes negros norte-americanos, não obteve o fundamental: a mobilização do formidável contingente negro deste país de aproximadamente 55 milhões de pessoas! O reverendo Martin Luther King e seus seguidores combatiam um racismo bem-identificado, onde os lugares nos ônibus, nas escolas públicas e até nos sanitários eram segregados (Estados Unidos; década de 1960). Ora, não se serra madeira com martelos e nem se prega pregos com serrotes; ou seja, a sabedoria sugere ferramentas adequadas para trabalhos específicos.

O Movimento Negro — enquanto movimento social — está presente na grande maioria das cidades deste país. Contudo, há diversos movimentos. Há uma razoável defasagem, por parte dos diversos grupos, em relação ao nível da compreensão do conjunto da luta. A fase moderna da luta do negro traz desafios novos que impõem uma postura profissional e da qual se exige uma prática igualmente nova. O momento é de expectativa esperançosa. A teoria que há de servir como arcabouço para essa fase está em gestação. Ela não vem apenas da vontade ciosa de alguns "Messias Negros", mas traz consigo a observação atenta do passado antigo e recente com a sua inevitável conexão com o presente. Essa teoria, forçadamente, terá de explicar com clareza os setores da vida onde os impedimentos ocorrem. Terá que, igualmente, apontar os caminhos, com as possíveis variações e os atalhos necessários em qualquer percurso desse porte. Temos ainda que criar uma tecnologia específica para nossa específica luta. Não se leva um trabalho dessa magnitude sem pessoas.

A discriminação racial no mercado de trabalho, a invisibilidade do negro nos meios de comunicação, a visão equivocada da historiografia oficial e a repressão violenta da polícia são aspectos que devem ser teorizados e combatidos.

O ano de 1986, a dois anos apenas do centenário da abolição, é um bom ano para se aplicar a teoria do velho Proust no sentido de conquistarmos um 13 de maio renovado para negros e brancos deste país.

Helio Santos é presidente do conselho deliberativo da Oxfam Brasil e do Centro de Estudos e Dados sobre Desigualdades Raciais (Cedra). Doutor em administração pela Universidade de São Paulo (USP), foi um dos precursores da defesa do sistema de cotas para negros no ensino superior brasileiro nos anos 1990. Recebeu o título de doutor *honoris causa* pela Universidade Federal da Bahia (UFBA). É organizador de livros como *A resistência negra ao projeto de exclusão racial: Brasil 200 anos (1822–2022)* (2022, Jandaíra).

Reimaginando a história oficial da nação

LUCIANY APARECIDA

Quais os caminhos e as perspectivas para a democracia racial? Ler mulheres negras e levar seus textos para bibliografias de escolas e universidades, para que a partir de uma pedagogia crítica se possa reimaginar a história oficial da nação. Como reflete Sueli Carneiro, quando existe, na base histórica da formação do país, um imaginário social que considera pessoas negras como portadoras de uma "humanidade incompleta", torna-se aceitável que essas pessoas sejam violadas e excluídas, inclusive como intelectuais, das discussões acerca de si mesmas. Por isso, referenciar mulheres negras LGBTQIA+, que estão na base dessa pirâmide, é trabalhar em prol de um país democrático.

Para Helio Santos, "a observação atenta do passado antigo e recente com a sua inevitável conexão com o presente" seria um percurso possível para a construção de uma sociedade na qual pessoas negras (pretas e pardas) pudessem ser vistas e respeitadas, ocupando diferentes postos de trabalho, sendo destaques nos meios de comunicação e não sofrendo repressão violenta da polícia.

Esse mapa de desejos, tripé de lutas do Movimento Negro Brasileiro, em finais do século XX, germinou os "Cadernos Negros", edição literária que publicou autoras como Miriam Alves e Conceição Evaristo, nomes hoje inquestionáveis na cena literária brasileira.

Viver este momento, no início do século XXI, observando as veredas que foram percorridas por teorias que almejavam alcançar uma democracia racial, é concluir que a formação crítica de pessoas leitoras tem sido um assertivo caminhar.

A ficção afrodiaspórica contemporânea é um refinado trabalho de linguagem desse campo positivo de conexões que dialoga com a história e a memória do país. Ou seja, a literatura negra escrita por mulheres tem investido na formação de um imaginário de liberdade. Diferentemente de como a historiografia literária oficial nos apresentava mulheres negras estereotipadas em perfis de subalternidade e conformismo, agora vemos surgir, em novos enredos, personagens que, a todo passo, ecoam liberdade.

A leitura literária crítica também se volta para o passado, relendo autoras indispensáveis para nosso existir democrático, como é exemplo Maria Firmina dos Reis, romancista do século XIX, ou mesmo as reedições dos livros de Carolina Maria de Jesus, de meados do século XX.

Se a literatura tem como uma de suas funções revelar o mundo — nos alienando a fechar os olhos ou a abri-los irrevogavelmente —, é certo considerar a sociedade um elemento criativo para a sua produção. Assim, quem sabe, a leitura literária crítica possa nos apontar os setores da sociedade nos quais o racismo, o machismo e a lesbofobia nos impedem de avançar.

A afirmação de Helio Santos indica um diálogo com o tempo, essa avançada tecnologia espiralar, como escreve a pesquisadora Leda Maria Martins, que com presença pode nos revelar o passado no agora. Por exemplo, como ler um romance histórico, como *Um defeito de cor*, de Ana Maria Gonçalves, ou *Nada digo de ti, que em ti não veja*, de Eliana Alves Cruz, pode nos autorizar a uma prática de consciência que caminhe rumo a uma democracia racial? Reimaginando a história oficial da nação, erguendo o olhar para uma trama de esperanças.

Vamos ler uma literatura que toca em nossa ferida colonial, o escravismo, pois ainda precisamos voltar a esse ponto. Não mais para uma comemoração passiva do 13 de maio, como sempre afirmou o Movimento Negro, mas para imaginarmos quem foram as pessoas que, com resistência e esperança, mobilizaram a sociedade para alforriar suas ideias.

Assim, para alcançarmos essa consciência popular, nosso caminho é uma educação que tenha como base uma pedagogia crítica, que, com respeito intelectual, altere bibliografias e referências teóricas e literárias em escolas e universidades, colocando a letra-linguagem de uma mulher LGBTQIA+ negra para ser um material a ser lido e analisado — e não apenas como um objeto exotificado a ser observado.

Luciany Aparecida é escritora e professora do Programa de Pós-graduação em literatura e crítica literária da Pontifícia Universidade Católica de São Paulo (PUC-SP). É doutora em letras pela Universidade Federal da Paraíba (UFPB), com pesquisas focadas em teoria literária e afrodiáspora. É autora de diversas obras que transitam entre romance, conto, poesia e dramaturgia, como *Florim* (2022, Paralelo13S) e *Mata doce* (Alfaguara, 2023), este último finalista do Prêmio Jabuti 2024 e vencedor do Prêmio São Paulo de Literatura 2024 na categoria melhor romance do ano.

DEMÉTRIO MAGNOLI § VANICLÉIA SILVA-SANTOS

Retratos da exclusão

A discussão sobre raça continua sendo um dos principais pontos de tensão na democracia brasileira. Em 2005, Demétrio Magnoli, autor de *Uma gota de sangue: história do pensamento racial*, causou controvérsia ao escrever que as cotas raciais produziam uma "reengenharia" identitária e reforçavam divisões que o país deveria superar, especialmente ao incorporar os "pardos" à categoria de negros.

A historiadora Vanicléia Silva-Santos revisita esse debate com lente crítica, enfatizando como o mito da mestiçagem tem servido para silenciar desigualdades estruturais. Enquanto um artigo denuncia o risco de racializar a política, o outro escancara a racialização da vida cotidiana. O que está em jogo não é apenas a definição de quem é negro, mas a capacidade de a democracia brasileira lidar com a exclusão — e com o passado que a sustenta.

Pardos

DEMÉTRIO MAGNOLI 21 DE ABRIL DE 2005

"Veja, até você provar que um ato discriminatório é racismo, a pessoa desiste, pois é considerado injúria. É considerado qualquer coisa, menos racismo, justamente porque quem julga são os brancos. Quem julga são as pessoas que manejam a lei." O conceito é da ministra Matilde Ribeiro, da Secretaria da Igualdade Racial. Se isso é verdade, a "raça" é o fator determinante na esfera política e só juízes negros podem aplicar a lei, ao menos nos casos de processos de racismo. Mas quem é negro?

No Censo 2000, postos diante das opções de "cor ou raça" do IBGE, 39% dos declarantes identificaram-se como "pardos" e 6% como "pretos". Quem são os "pardos"? O racismo do século XIX imaginava-os como o produto da miscigenação entre as "raças" branca e negra, mas a genética moderna, que nega a existência de raças humanas, mostrou que quase 90% da população brasileira tem significativa ancestralidade africana.

O dicionário oferece, entre as definições de "pardo", a seguinte: "branco sujo, duvidoso."

ONGs do movimento negro reivindicaram a substituição das opções "pardo" e "preto" pela opção "negro" nas pesquisas oficiais no Brasil. O IBGE realizou ensaios nessa linha, que resultaram na migração da grande maioria dos declarantes que se identificavam como "pardos" para a opção "branco". Diante da hipótese de radical "redução" da participação dos negros na população brasileira, as ONGs renunciaram à mudança.

As elites do Império do Brasil interpretavam como sua missão a criação de uma civilização moderna nos trópicos. Mas o Brasil, aos olhos dessas elites, não poderia ocupar um lugar destacado no concerto das nações, pois era um "país de negros". O dilema encontrou solução no "branqueamento", um empreendimento histórico conduzido por meio da promoção da imigração europeia e da valorização ideológica da mestiçagem. Um dos frutos desse empreendimento foi o surgimento dos "pardos", os quase-brancos da nação "europeia" que se aclimatava à natureza tropical.

Nesse Censo Escolar 2005, uma diretora de escola de Belo Horizonte "corrigiu", por conta própria, todas as fichas de alunos que se declararam "pardos", transformando-os em "preto". A diretora trapaceou, mas o resultado que obteve é a meta de uma vertente significativa do movimento negro: a construção de uma raça negra no Brasil. Esse programa de reengenharia racial almeja "retificar" a obra do Império, passando uma borracha sobre a mestiçagem e suprimindo os "pardos".

A Secretaria da Igualdade Racial tornou-se o centro coordenador desse programa, que é uma política de Estado. Seu instrumento principal são os sistemas de cota "racial" em universidades públicas. A qualificação de "pretos" e "pardos" para as cotas funciona como uma "pedagogia racial", na expressão sugerida pelo sociólogo Marcos Chor Maio e pelo antropólogo Ricardo Ventura Santos, pois os dois grupos "aprendem" a identificar-se como "negros". (O artigo de Maio & Santos sairá na revista *Horizontes Antropológicos*, nº 23.)

Raças humanas são invenções culturais do poder político. O Império fabricou os "pardos". O Estado entrega-se agora à fabricação de um país de "brancos" e "negros", isento de meios-tons. Invertem-se os sinais de valor à custa da atualização, da legitimação e da oficialização do artigo de fé do racismo, que é a classificação racial dos cidadãos.

Demétrio Magnoli é sociólogo, geógrafo, jornalista e escritor. Doutor em geografia humana pela Universidade de São Paulo (USP), é autor de uma extensa bibliografia, que inclui *Uma gota de sangue: história do pensamento racial* (2009, Contexto) e *A hora e a história* (2015, Três Estrelas). É colunista da *Folha de S.Paulo* desde 2004.

Discurso sobre "democracia racial" é falácia

VANICLÉIA SILVA-SANTOS

O debate sobre raça no Brasil apresenta um paradoxo fundamental: embora não exista biologicamente, a raça opera como categoria social com impactos materiais concretos. Em 2005, o jornalista Demétrio Magnoli publicou na *Folha de S.Paulo* o polêmico ensaio "Pardos", que questionava a implementação de cotas raciais nas universidades brasileiras. Seu argumento central baseava-se na premissa de que a intensa miscigenação no país tornaria impossível definir quem é negro, especialmente devido à categoria dos pardos. Essa perspectiva, no entanto, revela uma compreensão limitada do racismo como fenômeno estrutural.

O texto surgiu em um contexto histórico específico. Entre 2001 e 2005, importantes universidades públicas como a Universidade do Estado do Rio de Janeiro (Uerj), a Universidade do Estado da Bahia (Uneb), a Universidade de Brasília (UnB) e a Universidade Federal da Bahia (UFBA) começaram a implementar políticas de ação afirmativa racial. Magnoli direcionava seu argumento principalmente às classes média e alta brasileiras, setores que tradicionalmente monopolizavam o acesso às universidades públicas de elite e que manifestavam preocupação com a possível perda de privilégios. Seu raciocínio sustentava que, em um país profundamente miscigenado como o Brasil, as fronteiras raciais seriam demasiado fluidas e subjetivas para justificar políticas baseadas em categorias rígidas.

Essa argumentação, contudo, apresenta várias limitações conceituais. Primeiro, ignora o fato de que a miscigenação brasileira nunca foi um processo harmonioso ou igualitário, mas sim marcado por relações de poder desiguais e violências históricas — do genocídio indígena à escravização de africanos. Segundo, desconsidera que a própria ideologia da mestiçagem frequentemente serviu como instrumento para mascarar desigualdades raciais persistentes. Como argumenta o sociólogo Tukufu Zuberi, da Universidade da Pensilvânia (UPenn), as hierarquias raciais são "mais espessas que o sangue", ou seja, possuem maior poder de determinação social do que qualquer noção biológica de raça.

Os dados mais recentes do Censo 2022 realizado pelo IBGE revelam uma transformação significativa no panorama racial brasileiro: 55,5% da população agora se declara negra, somando pretos e pardos. Esse crescimento na autoidentificação negra representa um desafio direto à tese de Magnoli, demonstrando que a unificação política desses grupos não constitui uma negação da miscigenação, mas sim o reconhecimento de experiências comuns de exclusão e marginalização. Na prática social concreta, tanto pretos quanto pardos enfrentam desvantagens semelhantes no acesso à educação de qualidade, aos empregos mais qualificados e ao sistema de justiça.

A crítica às cotas raciais baseada na suposta impossibilidade de classificação racial perde de vista o cerne da questão. O desafio fundamental nunca foi estabelecer definições perfeitas ou absolutas de identidade racial, mas sim enfrentar desigualdades estruturais profundamente enraizadas em nossa sociedade. Enquanto as estatísticas continuarem mostrando que as vítimas de violência policial, os desempregados crônicos e os evadidos do sistema escolar forem majoritariamente negros (sejam pretos ou pardos), qualquer discurso sobre "democracia racial" ou "harmonia entre raças" revelar-se-á uma falácia perversa.

As políticas de cotas raciais não pretendem ser uma solução perfeita ou definitiva para o racismo estrutural. Elas representam, antes, um mecanismo necessário de reparação histórica em um país no qual, apesar da maioria negra da população, as posições de poder e prestígio continuam sendo esmagadoramente ocupadas por brancos. Os dados sobre representação nas elites política, econômica e cultural brasileiras comprovam essa disparidade de forma incontestável.

A construção de uma verdadeira democracia exige muito mais que a mera igualdade formal perante a lei. Requer o reconhecimento honesto de que construções sociais como raça produzem efeitos materiais concretos na distribuição de oportunidades, recursos e poder na sociedade. Somente a partir do enfrentamento direto dessas estruturas de dominação e exclusão poderemos aspirar a construir uma sociedade verdadeiramente justa e igualitária.

Nesse sentido, o debate iniciado por "Pardos" permanece relevante, mas deve ser superado por análises mais sofisticadas sobre como o racismo opera na sociedade brasileira contemporânea.

Vanicléia Silva-Santos é curadora da Coleção Africana do Museu da Universidade da Pensilvânia (Penn Museum) e leciona no departamento de estudos africanos da universidade. É professora do Programa de Pós-graduação em história da África na Universidade Federal de Minas Gerais (UFMG). Especialista em cultura material africana e diáspora africana, integra o Comitê Científico Internacional da UNESCO para o nono volume da *História geral da África*. É autora e organizadora de diversos livros e exposições sobre história, arte e patrimônio afroatlântico.

ROSE MARIE MURARO § DJAMILA RIBEIRO

Feminismo em debate

Quando Rose Marie Muraro escreveu sobre igualdade de gênero, em 1999, imaginava que a entrada feminina nos espaços de decisão traria não apenas mais representatividade, mas também novas formas de exercer a autoridade democrática — mais horizontais, menos violentas, mais conectadas à experiência da vida.

Mais de duas décadas depois, Djamila Ribeiro revisita essa perspectiva com um olhar atento à resistência, ao silenciamento e à desigualdade do presente, questionando até que ponto tais transformações realmente se concretizaram. Se Muraro propunha integrar subjetividade e política, Djamila revela o quanto raça, classe e território ainda moldam o acesso a esse poder.

Referências do feminismo brasileiro em diferentes tempos, as duas pensadoras desconstroem a ilusão de que ocupar espaços basta. Para uma democracia plena, é preciso enfrentar as estruturas que produzem e reproduzem a desigualdade e a subordinação.

Mulher e poder: a que viemos?

ROSE MARIE MURARO — 20 DE ABRIL DE 1999

Neste final do século XX, a situação das mulheres se transformou drasticamente. Hoje, em termos mundiais, somos quase metade da População Economicamente Ativa. Em alguns países, as mulheres conseguiram uma boa participação no poder político. Na Escandinávia, são cerca de 40% do parlamento; na Finlândia, 38%; nos Estados Unidos, cerca de 25%, além de 11 governadoras de estado, 17 secretárias da Fazenda e uma potencial candidata à Presidência (Elizabeth Dole) pelo Partido Republicano. Elas também são 41% de todos os empresários norte-americanos.

Já começa a haver uma razoável massa crítica para que as mulheres possam ter acesso a postos mais importantes nos níveis de decisão das diversas sociedades. Mas, na mente de muitos, fica uma pergunta: faz diferença ter um homem ou uma mulher no poder?

Se não fizer, é melhor nem tentar. As diferenças entre o homem e a mulher (exceto as reprodutivas) não são biológicas, mas fabricadas pelo sistema econômico. No momento, porém, há características mais encontradas nas mulheres e outras mais presentes nos homens. Uma delas é a vivência da subjetividade, mais valorizada pelas mulheres. Devido ao seu próprio treinamento para viver no domínio do privado, as mulheres tendem a ver as pessoas. Os homens são treinados, desde que nascem, para o domínio público, a "realidade objetiva". Com a entrada em massa das mulheres no âmbito público, elas trazem consigo também uma nova maneira de encarar a realidade objetiva, integrando-a com a subjetividade.

Um dos resultados dessa diferença já pode ser visto e medido nos Estados Unidos. As empresas dirigidas por mulheres cresceram, em uma década, 185%; as dirigidas por homens, 85%. Isso porque elas trazem para essas empresas novos métodos de administração. Em lugar do método vertical e autoritário, "próprio" dos homens, dividindo para governar e administrando pela correlação de forças e pelo temor, elas implementaram uma administração horizontal, integrando as sugestões dos subordinados e valorizando sua atuação. Consequência: os funcionários "vestiram a camisa" das empresas, a produtividade cresceu, os lucros dispararam.

Os americanos dizem: "*Men bond, women network.*" Os homens criam grupos que competem; as mulheres criam redes. Essa tendência já está bem clara nas empresas americanas.

Em uma segunda instância, as mulheres estão tentando integrar o subjetivo na esfera política. Em 1998, iniciou-se um projeto de reforma do Estado com um recorte de gênero, de cujas fases iniciais participei. Sua finalidade era tornar o aparelho de Estado mais humano e mais igualitário — portanto, mais eficiente. Nesse mesmo sentido, contou-me Marta Suplicy que, há dois anos, tentou inserir uma emenda no Orçamento da Câmara para realizar uma grande campanha publicitária incentivando o trabalho doméstico masculino. Os deputados (homens) consideraram a ideia sem importância. Mas ela havia tocado fundo a ferida.

A criança tende a "naturalizar" tudo o que percebe no primeiro ano de vida. Enquanto a mãe tomar conta sozinha dos filhos, permanecerá para sempre a relação dominante/dominado: o menino tende a rejeitá-la, por medo do pai (na fase edipiana); a menina também, por se sentir inferior, devido à identificação com a parte dominada. Se o pai e a mãe dividirem os cuidados maternos, a criança perceberá uma relação mais democrática e pluralista.

A família autoritária é a raiz da aceitação das sociedades autoritárias como "naturais". A família descentralizada e pluralista torna inaceitável, no médio prazo, toda sociedade autoritária.

As mulheres querem o poder não para perpetuar o que está aí. O autoritarismo, a violência e a injustiça social e econômica são filhos das relações humanas de dominação. A própria "objetividade" tem a ver com a repressão do humano. Acredito que a principal missão das mulheres em cargos de decisão é integrar subjetividade e objetividade para transformar as cabeças e a realidade. Não adianta construir pontes e aviões supersônicos se eles convivem com miséria e exclusão crescentes.

A lógica do capital é uma matemática fria, objetiva, que ignora a vida humana; por isso, está destruindo o sistema produtivo. Nós geramos a vida. Temos de criar novas lógicas, novas matemáticas, novos modelos econômicos. Do contrário, nos transformaremos em homens castrados. Isso não queremos!

Rose Marie Muraro foi escritora e editora. Pelo seu trabalho em prol dos direitos das mulheres, recebeu diversos títulos e distinções, entre eles os prêmios Bertha Lutz (2008) e Teotônio Vilela (2009), ambos do Senado. Em 2005, foi reconhecida pelo Congresso Nacional como Patrona do Feminismo Nacional. É autora de mais de quarenta livros, como *Os seis meses em que fui homem* (1990) e *A mulher no terceiro milênio* (1992), ambos editados pela Rosa dos Tempos. Morreu em 2014.

Sem as mulheres, não há democracia

DJAMILA RIBEIRO

O século XXI consolidou muitas das transformações que Rose Marie Muraro antecipou no final dos anos 1990. Segundo uma pesquisa do IBGE de 2023, as mulheres ocupavam 39,3% dos cargos gerenciais em empresas no Brasil. No acesso a direitos, tivemos ainda importantes passos de dignidade para as mulheres, como a Lei Maria da Penha (2006), a Lei do Feminicídio (2015) e a Lei de Enfrentamento à Violência Política de Gênero (2021).

O Brasil, apesar de suas conquistas, mantém um dos índices mais baixos de representação feminina no Legislativo da América Latina. Embora a eleição de Dilma Rousseff como a primeira mulher presidente tenha sido um marco histórico, sua deposição também evidenciou a violência política de gênero. A presença de mulheres no Congresso Nacional cresceu nas últimas eleições, mas ainda é desproporcional ao seu papel na sociedade. O debate sobre cotas e financiamento de candidaturas femininas continua sendo central para romper essa barreira histórica.

Nesse cenário, é imprescindível adotar uma abordagem interseccional para compreender plenamente as desigualdades enfrentadas pelas mulheres no Brasil. A categoria "mulher" não é homogênea, e diferentes marcadores sociais, como raça, classe, território, entre outros, moldam de maneira distinta as experiências e os acessos a direitos. Mulheres negras, por exemplo, são as maiores vítimas de feminicídio, recebem os menores salários e estão sub-representadas nos espaços institucionais de poder. Como alertam autoras como Lélia Gonzalez e Patricia Hill Collins, uma democracia que não reconhece essas intersecções está fadada a reproduzir exclusões.

No campo econômico, as mulheres continuam enfrentando desafios como a diferença salarial e a informalidade. Se, como Muraro apontava, empresas lideradas por mulheres demonstram maior crescimento e inovação, a economia brasileira ainda não se ajustou plenamente a essa realidade. A falta de políticas que promovam uma divisão equitativa do trabalho reprodutivo e do cuidado reflete uma democracia incompleta, cujas oportunidades não são igualmente distribuídas.

O ponto central do argumento de Muraro era a introdução da subjetividade feminina no espaço público como um motor para transformar a sociedade. Ela observava que as mulheres tendem a administrar e liderar de maneira diferente dos homens, promovendo redes de colaboração em vez de estruturas verticais e autoritárias. Esse olhar crítico sobre o poder continua essencial para entender os desafios enfrentados pelas mulheres na política brasileira.

Outro aspecto crucial que Muraro antecipou foi o papel da família na reprodução das hierarquias de gênero. A divisão sexual do trabalho doméstico ainda é uma realidade que sobrecarrega as mulheres de todos os marcadores sociais, evidentemente que mais ou menos aprofundadas a depender das intersecções de opressões estruturais, limitando suas possibilidades de ascensão profissional e política. As tentativas de desqualificar políticas públicas voltadas à equidade de gênero, sob o argumento de uma suposta "ideologia de gênero", demonstram a resistência à mudança de paradigma.

Olhando para o futuro, a democracia brasileira será tão sólida quanto sua capacidade de integrar plenamente as mulheres nos espaços de poder e decisão. A subjetividade e a experiência feminina, que Muraro via como transformadoras, continuam sendo elementos centrais para a reconstrução de um Brasil mais justo e igualitário.

A Nova República abriu caminhos, mas o futuro da democracia ainda depende de uma luta contínua para garantir que gênero não seja um fator de exclusão ou subordinação. O desafio é fazer com que as conquistas das últimas décadas sejam irreversíveis e que a democracia brasileira inclua, de fato, todas as mulheres.

Djamila Ribeiro é uma das principais vozes do ativismo negro e feminista no Brasil. Mestre em filosofia política pela Universidade Federal de São Paulo (Unifesp), é autora de obras como *Quem tem medo do feminismo negro?* (2018) e *Pequeno manual antirracista* (2019), vencedor do Prêmio Jabuti, ambos publicados pela Companhia das Letras. Coordena a coleção de livros Feminismos Plurais e lidera o Espaço Feminismos Plurais, que acolhe mulheres em situação de vulnerabilidade. Em 2019, foi selecionada pela BBC como uma das cem mulheres mais inspiradoras e influentes do mundo e, em 2022, recebeu o Prêmio Franco-Alemão de Direitos Humanos. É colunista da *Folha de S.Paulo* desde 2019.

DRAUZIO VARELLA § THIAGO AMPARO

Contra a ignorância e a violência LGBTQIA+

Em 2010, o médico e escritor Drauzio Varella escreveu um texto em tom de manifesto contra a ignorância e a violência dirigidas às pessoas homossexuais. Amparado na ciência, na empatia e no senso de justiça, seu artigo expunha os limites de uma sociedade democrática que ainda resiste à inclusão plena de todas as formas de existência.

Quinze anos depois, o professor Thiago Amparo retoma esse ponto de partida — agora com nomes, números e corpos — para mostrar como a metáfora da violência se tornou literal. Os dois textos constroem um diálogo que vai da indignação à urgência. O primeiro denuncia; o segundo exige. Juntos, revelam como a violência simbólica e física contra pessoas LGBTQIA+ continua naturalizada no país.

Violência contra homossexuais

DRAUZIO VARELLA 4 DE DEZEMBRO DE 2010

A homossexualidade é uma ilha cercada de ignorância por todos os lados. Nesse sentido, não existe aspecto do comportamento humano que se lhe compare.

Não há descrição de civilização alguma, de qualquer época, que não faça referência a mulheres e a homens homossexuais. Apesar de tal constatação, esse comportamento ainda é chamado de antinatural.

Os que assim o julgam partem do princípio de que a natureza (leia-se Deus) criou os órgãos sexuais para a procriação; portanto, qualquer relacionamento que não envolva pênis e vagina vai contra ela (ou Ele).

Se partirmos de princípio tão frágil, como justificar a prática de sexo anal entre heterossexuais? E o sexo oral? E o beijo na boca? Deus não teria criado a boca para comer e a língua para articular palavras?

Se a homossexualidade fosse apenas uma perversão humana, não seria encontrada em outros animais. Desde o início do século XX, no entanto, ela tem sido descrita em grande variedade de invertebrados e em vertebrados, como répteis, pássaros e mamíferos.

Em alguma fase da vida de virtualmente todas as espécies de pássaros, ocorrem interações homossexuais que, pelo menos entre os machos, ocasionalmente terminam em orgasmo e ejaculação.

Comportamento homossexual foi documentado em fêmeas e machos de ao menos 71 espécies de mamíferos, incluindo ratos, camundongos, hamsters, cobaias, coelhos, porcos-espinhos, cães, gatos, cabritos, gado, porcos, antílopes, carneiros, macacos e até leões, os reis da selva.

A homossexualidade entre primatas não humanos está fartamente documentada na literatura científica. Já em 1914, Gilbert Van Tassel Hamilton publicou no *Journal of Animal Behaviour* um estudo sobre as tendências sexuais em macacos e babuínos, no qual descreveu intercursos com contato vaginal entre as fêmeas e penetração anal entre os machos dessas espécies. Em 1917, Edward J. Kempf relatou observações semelhantes.

Masturbação mútua e penetração anal estão no repertório sexual de todos os primatas já estudados, inclusive bonobos e chimpanzés, nossos parentes mais próximos.

Considerar contra a natureza as práticas homossexuais da espécie humana é ignorar todo o conhecimento adquirido pelos etologistas em mais de um século de pesquisas.

Os que se sentem pessoalmente ofendidos pela existência de homossexuais talvez imaginem que eles escolheram pertencer a essa minoria por mero capricho. Quer dizer, num belo dia, pensaram: eu poderia ser heterossexual, mas, como sou sem-vergonha, prefiro me relacionar com pessoas do mesmo sexo.

Não sejamos ridículos; quem escolheria a homossexualidade se pudesse ser como a maioria dominante? Se a vida já é dura para os heterossexuais, imagine para os outros.

A sexualidade não admite opções, simplesmente se impõe. Podemos controlar nosso comportamento; o desejo, jamais. O desejo brota da alma humana, indomável como a água que despenca da cachoeira.

Mais antiga do que a roda, a homossexualidade é tão legítima e inevitável quanto a heterossexualidade. Reprimi-la é ato de violência que deve ser punido de forma exemplar, como alguns países o fazem com o racismo.

Os que se sentem ultrajados pela presença de homossexuais que procurem no âmago das próprias inclinações sexuais as razões para justificar o ultraje. Ao contrário dos conturbados e inseguros, mulheres e homens em paz com a sexualidade pessoal aceitam a alheia com respeito e naturalidade.

Negar a pessoas do mesmo sexo permissão para viverem em uniões estáveis com os mesmos direitos das uniões heterossexuais é uma imposição abusiva que vai contra os princípios mais elementares de justiça social.

Os pastores de almas que se opõem ao casamento entre homossexuais têm o direito de recomendar a seus rebanhos que não o façam, mas não podem ser nazistas a ponto de pretender impor sua vontade aos mais esclarecidos.

Afinal, caro leitor, a menos que suas noites sejam atormentadas por fantasias sexuais inconfessáveis, que diferença faz se a colega de escritório é apaixonada por uma mulher? Se o vizinho dorme com outro homem? Se, ao morrer, o apartamento dele será herdado por um sobrinho ou pelo companheiro com quem viveu por trinta anos?

Drauzio Varella é médico oncologista, cientista e escritor, reconhecido por sua atuação na divulgação científica e na promoção da saúde pública. Formado pela Universidade de São Paulo (USP), foi um dos pioneiros no tratamento do HIV/AIDS no Brasil. É autor de extensa bibliografia, que inclui *Estação Carandiru*, vencedor do Prêmio Jabuti, *Prisioneiras* e *O sentido das águas*, todos publicados pela Companhia das Letras. É colunista da *Folha de S.Paulo* desde 2000.

Violência contra pessoas LGBTQIA+, quinze anos depois

THIAGO AMPARO

Quando Drauzio Varella publicou na *Folha* o texto "Violência contra homossexuais", em dezembro de 2010, homens gays como eu tínhamos a mesma proteção por lei federal que temos hoje: nenhuma. É doloroso acordar todos os dias com o peso de saber o quão frágeis são para nós certos direitos que todas as outras pessoas nem sequer pensam que um dia poderiam ser negados — o direito a oficializar o amor perante a lei, o direito a não ser discriminado no trabalho e na rua, o direito a ouvir sobre a história de pessoas como eu na escola, o direito a ser atendido com dignidade no sistema de saúde.

Passados quinze anos, o Congresso Nacional não se dignou a cristalizar na legislação nacional quaisquer direitos para pessoas LGBTQIA+, nem ao menos os que, arduamente, têm sido conquistados no Judiciário. Pelo contrário: em 2023, uma comissão da Câmara dos Deputados aprovou um projeto para proibir, ainda sem sucesso, o casamento entre pessoas do mesmo sexo, permitido no país por uma decisão do Supremo Tribunal Federal de 2011 e por uma resolução do Conselho Nacional de Justiça de 2013.

Cinco anos depois de Drauzio ter definido, corretamente, a proibição do casamento homoafetivo como uma ofensa aos "princípios mais elementares de justiça social", a realidade se impôs: entre 2013 e 2022, o número de casamentos entre pessoas do mesmo sexo quadruplicou no Brasil. Ele questiona, com razão, por que, afinal, alguém em paz com a própria sexualidade se incomodaria com a do outro? "Que diferença faz se a colega de escritório é apaixonada por uma mulher?", escreveu.

Digo mais: quem hoje se diz ser pró-família deveria ser a primeira pessoa a defender direitos de pessoas LGBTQIA+ porque essas pessoas também têm e formam famílias e estão dispostas, como poucos, a lutar por elas. Não devemos, no entanto, cair na falácia de que pessoas LGBTQIA+ apenas merecem direitos na medida em que espelham o ideal de casamento que nem heterossexuais vivem na prática.

Pessoas LGBTQIA+ têm tentado, em particular nos últimos quinze anos, quebrar o estigma de que seriam respeitadas apenas se fossem minorias representativas de um modelo angelical de amor. A necessidade de autoafirmação e de superação de expectativas mais adoece do que liberta as pessoas LGBTQIA+. Casais heterossexuais deveriam respeitar seus equivalentes homoafetivos por serem pessoas dignas de igual respeito e não por corresponderem a um ideal pensado para deixar pessoas heterossexuais confortáveis com o outro.

Reprimir a homossexualidade, escreveu Drauzio, é um ato de violência. Os últimos quinze anos mostraram que a metáfora se tornou literal. Pessoas LGBTQIA+, em particular pessoas trans, têm sofrido níveis cada vez maiores de violência. Desde 2016, 1.181 pessoas trans foram assassinadas no Brasil; e a cada 38 horas uma pessoa LGBTQIA+ é morta no país, de acordo com dados de 2023 da Associação Nacional de Travestis e Transexuais (Antra), da Acontece – Arte e Política LGBTI+ e do Grupo Gay da Bahia (GGB). A lista de pessoas LGBTQIA+ mortas no Brasil desde o dia em que Drauzio escreveu seu texto há quinze anos provavelmente seria suficiente para encher um pequeno estádio de futebol.

Se é verdade que orientação sexual e identidade de gênero não são escolhidas, é igualmente verdade que pessoas LGBTQIA+ escolhem todos os dias a audácia de expressar publicamente quem são, apesar de um mundo que, até hoje, insiste em apagá-las. Se ao menos 71 espécies de mamíferos já experimentaram comportamentos homossexuais, como nos lembra Drauzio, isso nada acrescenta ao debate sobre direitos para pessoas LGBTQIA+, porque seres humanos fazem muitas coisas e dão muitos significados complexos a tais coisas, como amor e sexo, que bonobos e chimpanzés nunca ousarão sonhar.

Antes de tornar os dados sobre violência um motivo para que este texto seja lido como uma elegia ou um obituário, cabe chamar pessoas heterossexuais à responsabilidade por mobilizar, nos últimos quinze anos, o desprezo a pessoas LGBTQIA+ como arma política. Em casais homoafetivos, cabe mais dignidade no ínfimo espaço entre duas mãos entrelaçadas do que no punho estendido de quem se rebaixa para reprimir aqueles que defendem o direito de amar em paz.

Thiago Amparo é professor de direito internacional e direitos humanos na Fundação Getulio Vargas (FGV Direito SP) e colunista da *Folha de S.Paulo* desde 2019. Doutor em direito internacional pela Central European University, é especialista em raça, diversidade e políticas públicas. É fundador e coordenador do Centro de Pesquisa de Justiça Racial e Direito da FGV. Em 2023, foi professor visitante na Universidade de Columbia.

MARCOS TERENA § APARECIDA VILAÇA

Direitos indígenas sob ataque

Em 2000, enquanto o Estado brasileiro celebrava oficialmente os quinhentos anos da chegada dos portugueses, o líder indígena Marcos Terena expunha o vazio dessa celebração, denunciando a exclusão histórica dos povos originários e a persistência de uma dívida social que o país insistia em não pagar. A palavra indígena, escreveu, foi ignorada por cinco séculos e seguia sendo silenciada mesmo no auge das homenagens luso-brasileiras.

Vinte e cinco anos depois, a antropóloga Aparecida Vilaça demonstra como, apesar de alguns avanços, os direitos indígenas continuam sob ataque, tanto pelo desmonte das garantias legais quanto pela escalada da violência em terras indígenas.

Os textos revelam o limite estrutural de uma democracia que, mesmo após a redemocratização, ainda não integrou plenamente os direitos e saberes dos povos originários ao seu pacto fundacional.